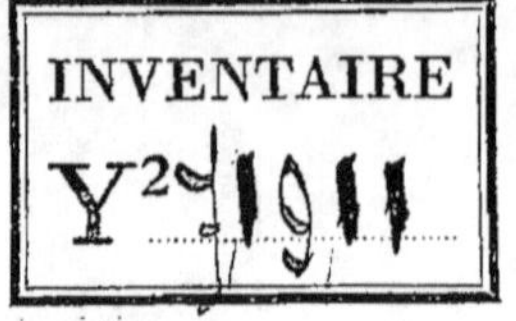

SIR FRANCIS TROLOPP
(PAUL FEVAL.)

LA
FORÊT DE RENNES

III

PARIS,
CHEZ CHLENDOWSKI,
RUE DU JARDINET, 8.

—

1845

LA

FORÊT DE RENNES

PAR

SIR FRANCIS TROLOPP.

OUVRAGES DU MÊME AUTEUR:

Les Mystères de Londres, 11 vol. in-8°.

La Forêt de Rennes, 3 vol. in-8°.

SOUS PRESSE :

LES FANFARONS DU ROI.

Paris. - Typographie SCHNEIDER et LANGRAND, rue d'Erfurth, 1.

LA

FORÊT DE RENNES

PAR

PAUL FEVAL.

(SIR FRANCIS TROLOPP.)

TOME TROISIÈME.

PARIS,
EN VENTE, CHEZ CHLENDOWSKI,
8, RUE DU JARDINET.

1845

CHEZ LES LOUPS.

XXVIII

A l'heure où Pelo Rouan faisait à Jude le récit que nous avons rapporté plus haut, un homme, enveloppé d'un vaste manteau, descendit avec précaution la rampe abrupte du ravin de la Fosse-aux-Loups. Il jetait furtivement autour de lui des regards d'inquiétude et semblait avoir la conscience d'un inévitable danger. Néanmoins, il avançait toujours.

Lorsqu'il parvint au fond du ravin, devant le grand chêne creux où Nicolas Treml avait enfoui jadis son coffret de fer, il s'arrêta pour reprendre haleine.

— Ne m'auraient-ils donc pas aperçu? murmura-t-il, tandis que ses dents claquaient de frayeur.

Sa vue était troublée probablement par la fiévreuse émotion qui faisait trembler chacun de ses membres sous son manteau; sans cela, il n'eût point exprimé ce doute, car, de plusieurs côtés, des têtes fauves, écartant les dernières branches du taillis, commençaient à se montrer. Au moment où l'étranger allait reprendre sa route, en se dirigeant vers l'emplacement de la loge de Mathieu Blanc, trois ou quatre hommes, masqués de fourrures, bondirent hors des broussailles, tombèrent sur lui et le terrassèrent en un clin-d'œil.

— Qui diable avons-nous là ? demanda l'un d'eux en mettant son pied sur la poitrine de l'homme au manteau.

Celui-ci, malgré son épouvante, ne parut nullement surpris de l'attaque et tâcha de cacher son visage.

— Mes bons amis, dit-il d'une voix qui, malgré ses efforts, n'était rien moins qu'assurée, ne me maltraitez pas. Je ne viens point ici par hasard.

— Un espion du maltôtier, s'écrièrent en chœur les Loups; — il faut le pendre!

— Saint Dieu! mes excellens amis, ne commettez pas une énormité semblable, reprit le patient dont les dents claquèrent de rechef et plus fort. — Je viens vers vous dans votre intérêt...

— A d'autres!

— Sur mon salut, je ne vous mens point. Bandez-moi les yeux, afin que je ne voie rien des choses que vous avez intérêt à cacher, et introduisez-moi auprès de votre chef.

Les Loups se consultèrent.

— Il sera toujours temps de le pendre, dit l'un d'eux, robuste sabotier nommé Simon Lion.

Les autres approuvèrent du geste.

— Pourtant, reprit un vannier du nom de Livaudré, — faudrait au moins voir sa figure.

Simon Lion arracha brusquement le manteau du rôdeur, qui pencha sur sa poitrine un visage rond et plein, mais plus blême qu'un linceul.

Les quatre Loups reculèrent, frappés d'une commune et inexprimable surprise.

— Le maître de la Tremlays! s'écrièrent-ils en même temps.

Vaunoy, c'était bien lui en effet, essaya

de sourire, et parvint seulement à produire un convulsif clignement d'yeux.

— Le maître de la Tremlays en personne, mes bons amis.

— Nous ne sommes pas tes amis, murmura Livaudré d'une voix basse et menaçante; — ignores-tu si complètement les sentiers de la forêt que tu aies pu prendre au hasard une route qui te conduisait droit à la mort?

— Allons donc! allons donc! balbutia Vaunoy, vous raillez, mon joyeux camarade; on ne tue pas ainsi un homme qui apporte une fortune avec lui.

Les Loups échangèrent un regard significatif, et Simon, d'un geste rapide, tâta les poches de Vaunoy.

— Tu mens, dit-il après examen fait ; — aujourd'hui comme toujours... mais du diable si tu nous échappes cette fois !

La terreur de Vaunoy atteignait son comble et augmentait son danger, car il perdait le sens et la parole.

Livaudré détacha une corde roulée autour de sa ceinture et lança l'extrémité, formant nœud coulant, de manière à accrocher l'une des basses branches du chêne creux. La corde se noua du premier coup, et se balança tout auprès du visage de Vaunoy

On ne peut dire que celui-ci se fût engagé à la légère dans sa périlleuse entreprise. Au contraire, il en avait laborieusement calculé toutes les chances, mais il avait compté sans sa poltronnerie, et sa poltronnerie allait le tuer.

Il était parti de la Tremlays dans un de ces momens de résolution désespérée où le plus lâche devient en quelque sorte le plus téméraire. Sa haine pour Didier, ou, pour parler mieux, l'envie passionnée qu'il avait de jeter hors de sa route cette pierre d'achoppement qui faisait incessamment obstacle à sa marche, lui avait caché une partie du danger, en lui montrant plus certaines qu'elles ne l'étaient les chances de réussite. Il ne pouvait rien par lui-même contre Didier, officier du roi et son hôte officiel, et pourtant il fallait que Didier disparût. Il le fallait; c'était une question de fortune qui pouvait devenir question de vie et de mort. Par une étrange destinée ce jeune soldat se trouvait fatalement en contact avec Vaunoy sur tous les points à la fois. L'amour d'Alix pour lui et son éloignement croissant pour Béchameil, qui était une conséquence naturelle de cet amour, eussent constitué seuls une cause d'inimitié bien suffisante; car, à cette époque où le parlement s'occupait journellement de recherches de noblesse, il fallait que Vaunoy conquît à tout prix l'appui de l'intendant royal, d'où dépendait absolument la conservation de l'opulent héritage de Treml. Mais, à part ce motif, Vaunoy en avait un autre, plus impérieux encore, et nous ne dirons pas trop en affirmant que

Didier et lui ne pouvaient exister ensemble sous le ciel.

Au reste, si nous n'avons pas complétement échoué dans la peinture de son caractère, on doit penser, à part même cette explication, qu'il avait fallu à Vaunoy un bien puissant motif pour braver ainsi la vengeance des Loups, lui qui avait été leur plus actif et implacable persécuteur.

Ce motif une fois accepté, restait, pour un homme véritablement résolu, à combiner un plan et à n'engager la bataille qu'avec le plein exercice de son sang-froid. Le maître de la Tremlays était dans de tout autres conditions. En traversant la forêt il avait subi tour à tour les influences de la frayeur la plus exagérée et du plus fol espoir. Maintenant qu'il fallait agir sous peine de mort il demeurait, vaincu par l'épouvante, incapable, insensible, idiot, — mort d'avance, comme ces malheureux qu'on précipite du haut d'une tour élevée et qui expirent, dit-on, avant de toucher le sol.

Simon Lion le saisit à bras-le-corps, et Livaudré fit un nœud coulant à l'extrémité de la corde. Vaunoy ne bougea pas; il se laissa passer la corde autour du cou sans faire résistance aucune. Seulement, lorsque la hart lui blessa la gorge, il roula autour de lui de gros yeux affolés, et poussa une plainte étouffée.

— Hâle! cria Livaudré.

Les pieds du malheureux Vaunoy quittèrent le sol.

Comme on voit, les pressentimens de Lapierre n'étaient pas sans quelque fondement.

Mais au moment où la face du patient passait du violet au noir par l'effet de la strangulation, un cinquième personnage bondit hors des broussailles. C'était encore un Loup.

— Arrive donc! petit Yaumi, lui dirent ses camarades; — viens voir la dernière grimace d'une de tes connaissances.

Le *petit* Yaumi, que nous avons rencontré une fois déjà dans la loge de Pelo Rouan, était un énorme gaillard, haut de près de six pieds et membré en proportion. Il jeta un coup-d'œil sur Vaunoy et le reconnut malgré la contraction hideuse de ses traits.

— Méchans blaireaux! murmura-t-il. Ils allaient le tuer!

Et, d'un revers de son grand couteau de chasse, il coupa la corde. Vaunoy tomba comme une masse et s'affaissa sur le gazon.

—Vous faisiez là de la belle besogne, reprit le petit Yaumi. Et qu'aurait dit le maître? Ne savez-vous pas qu'il y a quelque chose entre lui et ce vil coquin, pour qui la corde était une mort trop douce? Le maître est-il dans la mine?

— Le diable sait où est le maître, répondit Livaudré d'un ton bourru, — quant à ce qui est de ce vieux drôle, il peut se vanter de l'avoir échappé belle... mais il n'est pas au bout, et il faudra savoir si nos anciens ne lui remettront pas la corde au cou.

— Nos anciens obéissent au maître tout comme toi et moi, mon homme, dit Yaumi d'un ton silencieux ; — ils feront ce que le maître voudra.

Vaunoy cependant avait reprit ses sens et s'agitait sur l'herbe.

— Debout ! cria Simon Lion en le poussant du pied.

Vaunoy, qui avait eu plus de peur que

de mal, obéit sans trop de peine. Par une sorte de réaction explicable, ce premier danger, miraculeusement évité, lui avait remis quelque force au cœur.

— Empêchez vos gens de me maltraiter, dit-il à Yaumi d'une voix plus ferme ; — ce bout de corde a failli vous faire perdre cinq cent mille livres.

Yaumi ne s'émut point, mais il n'en fut pas de même des quatre Loups.

— Cinq cent mille livres! répétèrent-ils ébahis.

Vaunoy respira. L'effet était produit.

— Conduisez-moi à vos chefs! dit-il d'un ton d'autorité.

— Maintenant, murmura le petit Yaumi en haussant ses larges épaules, — ils vont le laisser échapper... Je donnerais un écu pour que le maître fût ici.

Simon Lion noua le mouchoir à carreaux qui lui servait de ceinture sur les yeux de Vaunoy, et, tout aussitôt, les quatre Loups le poussèrent vers la rampe occidentale du ravin, au sommet de laquelle se voyaient les ruines des deux moulins à vent.

Vaunoy sentit bientôt un air froid et humide frapper sa joue ; en même temps, la vague lueur qui, malgré le bandeau, parvenait jusqu'à ses yeux, disparut tout à coup. Tantôt il descendait les marches d'une sorte d'escalier taillé presque à pic ; tantôt ses conducteurs le soulevaient à force de bras, le portaient durant quelques secondes avec précaution et le déposaient ensuite sur le sol.

Cela dura dix minutes environ. Au bout de ce temps, Vaunoy entendit un bruit de voix confuses, et une forte odeur de tabac et d'eau-de-vie le saisit à la gorge. On lui arracha son bandeau.

Il était chez les Loups, dans leur réfectoire, et arrivait au dessert.

La rouge clarté d'une demi-douzaine de torches qui brûlaient autour de lui éblouit d'abord ses yeux habitués aux ténèbres. En outre, les cris assourdissans qu'un millier de larynx récemment abreuvés poussèrent à sa vue, faillirent de nouveau lui faire perdre la tête. Il y avait de quoi : c'étaient, de tous côtés, énergiques menaces et clameurs de mort.

Mais bientôt un silence comparatif se fit. Simon Lion avait prononcé trois mots qui produisirent un effet réellement magique. Les clameurs devinrent tout à coup murmures, et ces trois mots répétés avec componction passèrent en un instant de bouche en bouche.

— Cinq cents mille livres! disait-on de toutes parts.

Ce chuchottement d'excellent augure ranima Hervé de Vaunoy mieux que n'eût fait le plus méritant de tous les baumes. Il se sentit revivre et devint brave de toute la grande peur qu'il avait eue.

Le spectacle qu'il entrevoyait, à mesure que ses yeux s'aguerrissaient au sombre éclat des torches, n'était pas fait cependant pour porter au comble sa sécurité. Il était précisément au centre d'une nombreuse assemblée dont les groupes, jetés çà et là, sans ordre, autour de planches soutenues par des pieux fichés en terre, buvaient, mangeaient ou fumaient. Cela ressemblait à une immense taverne ou à quelque chose de pis. La lumière , réunie en faisceau et partant d'un seul centre, s'affaiblissait en radiant, de telle sorte que la majeure partie de la foule, fantastiquement plongée dans un vacillant demi-jour, prenait de loin une physionomie étrange et presque diabolique. On ne pouvait calculer, même approximativement, le nombre des assistans, et l'aspect de cette cohue faisait naître l'idée de l'indéfini. Les derniers rangs, en effet, disparaissant à demi dans l'ombre, semblaient se prolonger jusqu'à perte de vue; et, lorsqu'un mouvement fortuit ou l'étincellement d'une torche agrandissait le cercle de lumière, on voyait surgir de tous côtés de nouvelles figures de buveurs ou de fumeurs.

Or, tous ces buveurs et fumeurs étaient des Loups, honnêtes artisans de la forêt, qui, nous en sommes certains, possédaient au grand jour de fort débonnaires physionomies; mais la lueur sanglante des torches mettait à leurs traits une expression de férocité sauvage. S'ils étaient bons, ils n'en avaient pas l'air, et leur réunion eût fourni un merveilleux sujet de tableau aux jeunes bacheliers qui ont broyé le noir des toiles mélodramatiques de notre soi-disant musée espagnol du Louvre.

Çà et là, dans la foule, Vaunoy reconnaissait quelque visage de vannier ou de sabotier, rencontré souvent dans la forêt. Deux ou trois Loups avaient gardé leurs masques de fourrure; et, nonobstant le flux perpétuel de la lumière et de l'ombre, Vaunoy crut pouvoir affirmer depuis que ces Loups, obstinément masqués, avaient leurs raisons pour ce faire en sa présence : ils portaient la livrée de la Tremlays.

Au milieu de la salle, de la grotte ou de la caverne (Vaunoy n'apercevant ni les parois, ni la voûte, ne pouvait assigner à ce lieu un nom fort précis), se trouvait une table mieux équarrie que les autres; autour de cette table siégeaient neuf vieux Loups de grande expérience, qui sans doute étaient les sénateurs de cette bizarre république.

Quant au dictateur, ce fameux Loup-Blanc, dont parlait tant la renommée, Vaunoy eut beau chercher, il ne put le découvrir à aucun signe extérieur, et conclut qu'il était absent.

Au bout de quelques minutes, l'un des vieillards réclama le silence d'un geste, et se tourna vers Vaunoy, qui mettait tous ses efforts à ressaisir son sang-froid ébranlé.

— Qu'es-tu venu faire à la Fosse-aux-Loups? demanda le vieillard.

Vaunoy prit, comme on le dit vulgairement, son courage à deux mains.

— J'y suis venu chercher ce que j'y ai trouvé, répondit-il d'un ton dégagé; — je voulais voir les Loups.

— C'est une vue qui peut coûter cher, Hervé de Vaunoy... As-tu donc oublié tout le mal que tu nous as fait?

— Non... mais j'ai compté sur votre bon sens et aussi sur votre misère... que je croyais, je dois le dire, ajouta-t-il moins haut, — plus grande qu'elle ne me paraît l'être en réalité.

— Nous vivons du mieux que nous pouvons, reprit le vieillard; — on a voulu nous voler notre pain noir et notre petit cidre, nous volons nos voleurs, ce qui nous met à même de manger du pain blanc et de boire de l'eau-de-vie.

Un joyeux et bruyant éclat de rire accueillit ces dernières paroles.

—Bien dit, notre père Toussaint! cria-t-on de toutes parts.

— La paix, mes enfants, la paix!... Quant à notre bon sens, nous te savons gré du compliment... Mais, en définitive, qu'as-tu à faire de notre bon sens, qui nous conseille de te pendre, et de notre misère, que tu as tâché de rendre si complète ?

— Je veux me venger, dit Vaunoy.

— N'as-tu pas, à la Tremlays, tes assassins ordinaires ?

— Trève! interrompit Vaunoy dans un mouvement d'impatience qui le servit à merveille; — expliquons-nous comme des hommes, et venons au fait... Voulez-vous gagner cinq cent mille livres?

— Cinq cent mille livres! répétèrent encore les Loups qui avaient l'eau à la bouche.

— Cinq cent millions de tromperies! s'écria une rude voix, dont le propriétaire, le petit Yaumi, perça la foule et vint dresser sa haute taille devant la table occupée par le sénat de la Fosse-aux-Loups, — Notre père Toussaint et les autres, ajouta-t-il, ne faites pas attention à ce que vous dit ce misérable... Vous le connaissez... Et d'ailleurs, en l'absence du maître, vous ne pouvez rien décider.

Vaunoy dressa l'oreille à ce mot de maître. C'était là une nouvelle difficulté qu'il n'avait pu mettre en ligne de compte. — Le père Toussaint secoua la tête d'un air mécontent.

— Ami Yaumi, dit-il, le maître est le maître; mais nous sommes bien quelque chose, et cinq cent mille livres ne se trouvent pas tous les jours sous le couvert... Cela mérite réflexion.

— Mais il ment...

Les Loups poussèrent en chœur un murmure de désapprobation. Ces bonnes gen tenaient aux cinq cent mille livres annoncées, plus que nous ne saurions dire.

—Yaumi, mon garçon, reprit Toussaint, avec d'autant plus d'assurance qu'il se sentait soutenu ; — laisse nous faire nos affaires : le maître sera content.

— Et s'il ne l'est pas! demanda Yaumi.

Personne ne dit mot dans la foule. Le vieillard parut visiblement déconcerté.

— Il le sera, reprit-il encore après un silence; — personne plus que moi n'est disposé à obéir au maître... Mais...

— Mais vous voulez braver la chance de lui désobéir... Ecoutez! je sais, moi, que le maître donnerait le plus clair de son sang pour voir cet homme face à face, en notre pouvoir.

Vaunoy tressaillit de la tête aux pieds.

— Je sais, poursuivit Yaumi, que cet homme et lui ont à régler ensemble un compte long et embrouillé... Je veux aller chercher le maître.

— Qui sait où on le trouvera?

— Je tâcherai; vous m'attendrez.

— C'est impossible! s'écria Vaunoy, mettant désormais son va-tout sur une seule chance; — tout est manqué si dans deux heures je ne suis pas de retour à la Tremlays.

— Deux heures me suffiront, dit Yaumi.

Les vieillards se consultèrent. — Il faut croire que l'autorité de celui qu'on appelait *le maître*, et qui n'était autre que le Loup blanc, avait des proportions fort absolues, car, malgré sa violente envie de conquérir les cinq cent mille livres, la foule des Loups vint en aide à Yaumi.

— N'y a pas à dire! murmurait-on de tous côtés; — faut que le maître soit averti!

— Va donc, dit Toussaint à Yaumy; — mais si dans deux heures tu n'es pas revenu, nous ferons à notre idée.

Yaumi ne s'ébranla point.

— Il faut auparavant, dit-il, que je sache tout ce que veut cet homme.

— C'est juste, répartit Toussaint; — expliquez-vous, Hervé de Vaunoy.

— Les cinq cent mille livres dont il s'agit, dit le maître de la Tremlays, sont le produit des tailles de l'évêché de Dol, que M. l'intendant royal expédie à Paris. Ces cinq cent mille livres resteront une nuit au château. Cela suffira.

— Je crois bien! s'écria Toussaint.

— Je crois bien! répétèrent les Loups.

— Quant à l'homme que je veux tuer, il est votre ennemi aussi bien que le mien : c'est le nouveau capitaine de la maréchaussée.

— Fût-il pis que cela, Hervé de Vaunoy, dit Toussaint d'un ton grave, mais non sans quelques regrets, — n'espère pas l'aide de nos bras... Les Loups n'assassinent pas.

— Les loups attaqueront la caisse; les Loups prendront les cinq cent mille livres; les Loups auront tout le profit... Moi, je ferai le reste.

Le vieux Toussaint secoua la tête d'un air de satisfaction non équivoque.

— Cela peut s'accepter, dit-il; en conscience cela peut s'accepter... Eh bien! Yaumi, en sais-tu assez long?

— Je pars, répondit ce dernier.

Il mit en effet son masque sur son visage et disparut dans l'ombre.

Vaunoy s'assit. On plaça devant lui un

verre d'eau-de-vie qu'il toucha de ses lèvres.

— Deux heures! pensait-il avec angoisse; — deux heures!... Et, si cet homme vient, quel sera mon sort?

Les Loups s'étaient remis à fumer et à boire, car ces pauvres gens, naguère artisans honnêtes et laborieux, une fois jetés violemment hors de leur voie, avaient pris, à peu de choses près, tous les vices qu'amène avec soi la fainéantise soutenue par la rapine.

Vaunoy, lui, avait posé sa montre devant lui et comptait les minutes. De temps en temps, la voix du vieux Toussaint, qui demandait quelques explications sur le mode d'attaque, sur le moment du coup de main, etc., interrompait sa laborieuse rêverie. Ce fut heureux pour le maître de la Tremlays, car, si on ne l'eût point distrait de sa peur, sa peur l'aurait tué.

Une heure se passa, puis une heure et demie, puis l'aiguille de sa montre indiqua les deux heures révolues.

Vaunoy ouvrit sa poitrine à une longue et vigoureuse aspiration. Il se leva.

— Ma foi, dit Toussaint, Hervé de Vaunoy est dans son droit. Un honnête homme n'a que sa parole; nous avons donné la nôtre; et nous sommes des honnêtes gens.

— C'est clair! appuya l'assistance.

— Donc, tu peux te retirer... Ton intérêt nous répond de ton exactitude... Demain, une heure après le coucher du soleil, nous serons au lieu désigné.

— A demain donc, dit Vaunoy, qui devançait ses guides vers l'entrée du souterrain.

On lui banda de nouveau les yeux. — Un quart-d'heure après, il sautait joyeusement sur son cheval, qui l'attendait au-delà du fourré.

— Saint Dieu! saint Dieu! saint Dieu! cria-t-il follement tout le long de la route, en pressant à grands coups d'éperons le galop de sa monture.

Comme on le pense, le vieux majordome gagna son pari, car c'était Vaunoy qui avait frappé ces rudes coups à la porte extérieure de la Tremlays, et ce fut lui qui, au moment de la gageure, entra dans le salon, au grand étonnement de Lapierre.

En entrant, il se jeta, haletant, sur un fauteuil.

— Il est à nous! s'écria-t-il avec une joie délirante. J'ai joué ma vie; j'ai gagné ; mais je jure Dieu qu'on ne m'y prendra plus!

— J'en reviens à ce que je disais, murmura Lapierre : — Que Dieu ait l'ame du capitaine!... Maître Alain, voici votre écu.

AVANT LA LUTTE.

XXIX

Le lendemain, le convoi des deniers de l'impôt partit de Rennes dans la matinée. Il était escorté par la maréchaussée, à la tête de laquelle chevauchait le capitaine Didier, et par une compagnie de sergens à pied.

Le trajet de Ren nes à la Tremlays se fit sans encombre aucun. Tandis que les lourdes charrettes, chargées d'écus de six livres, s'embourbaient dans les fondrières de la forêt, l'attaque aurait été bien facile ; mais nulle figure hostile ou suspecte ne se montra sur la route, et c'est à peine si Jude, qui suivait lé capitaine, put conjecturer deux ou trois fois au mouvement des branches qu'il y avait un être vivant, homme ou gibier, caché sous le couvert.

Les Loups dormaient ou ne se souciaient pas d'affronter les bons mousquets de la maréchaussée, — à moins qu'ils n'eussent encore un autre motif de ne se montrer point.

On marchait bien lentement, et le soleil

se couchait au moment où le convoi atteignait les premiers arbres de l'avenue de la Tremlays.

— Monsieur, dit Jude en se penchant à l'oreille du capitaine, — il ne fait point bon pour moi au château. Ce que je cherche n'y est pas, et j'y pourrais trouver en revanche ce que je n'ai garde de chercher.

— Fi! mon brave garçon, répondit le capitaine avec un sourire, tu ne rêves plus qu'assassinat depuis hier... Certes, si tout ce que tu m'as raconté de ce Vaunoy est vrai, c'est un scélérat infâme et sans vergogne, mais je ne puis croire... et, après tout, qui te dit que ce charbonnier n'ait point menti?

— Pelo Rouan?... Il ne mentait pas, monsieur, car sa voix tremblait et je sentais la sueur de son front tomber sur ma main... Oh! il ne mentait pas!... Et dame Goton?... et l'absence de notre petit monsieur?...

— Tu as peut-être raison, dit le capitaine; — en tous cas, tu es libre, mon garçon, et si tu as quelque ami dans la forêt, je te permets de lui demander l'hospitalité... Demain, tu nous rejoindras à Vitré.

— A demain donc! répondit Jude.

Sur le point de s'éloigner, il s'approcha davantage et ajouta à voix basse :

— N'oubliez pas ce qui vous regarde,

mon jeune monsieur. Ce Pelo Rouan a parlé de vengeance, et il a l'air d'un terrible homme!

Didier sourit encore et fit un geste d'insoucieuse bravade.

— A demain, mon brave garçon! dit-il au lieu de répondre.

Jude prit un sentier de traverse et perdit bientôt de vue le convoi. Le soleil était couché depuis quelques minutes à peine, mais il faisait nuit déjà sous les sombres voûtes de la forêt. Les clairières seules montraient leurs ajoncs illuminés par cette lueur chatoyante que le crépuscule du soir laisse au zénith. Jude s'en allait à pas lents et la tête tristement baissée. Il avait donné son cheval à un soldat.

Le bon écuyer sentait son courage l'abandonner en même temps que l'espoir. Pourquoi chercher encore lorsqu'on est sûr de ne point trouver? Jude avait besoin d'évoquer le souvenir vénéré de son maître pour garder quelque énergie à sa volonté chancelante. Un péril à braver l'eût trouvé fort; s'il n'eût fallu que mourir, il serait mort avec joie. Mais il n'y avait rien, ni péril à braver, ni mort à affronter. Treml n'aurait point le bénéfice des efforts tentés : à quoi bon combattre?

Jude, après avoir cheminé quelque temps sans but, prit la route de la loge du charbonnier Pelo Rouan.

— Nous causerons de Treml, se disait-il

en soupirant; peut-être aura-t-il appris quelque chose depuis hier.

Jude n'avait pas fait vingt pas dans cette direction nouvelle, lorsqu'un bruit sourd, lointain encore, mais familier à son oreille de vieux soldat, arriva jusqu'à lui.

C'était évidemment le bruit produit par la marche d'une nombreuse foule, dont les pas s'étouffaient sur la mousse de la forêt. Jude s'arrêta. Ce ne pouvait être l'escouade des sergens de Rennes, car les pas venaient du côté opposé à la ville, et avançaient plus rapidement que ne fait d'ordinaire une troupe soumise aux règles de la discipline.

Jude devinait rarement; il en était encore à s'interroger, lorsque l'agitation des branches du taillis lui annonça l'approche de cette mystérieuse armée. Il n'eut que le temps de se jeter de côté sous le couvert.

Au même instant, une cohue pressée, courant sans ordre, mais à bas bruit, fit irruption dans le sentier que Jude venait de quitter. A la douteuse clarté qui régnait encore, le vieil écuyer tâcha de compter, mais il ne put. Les hommes passaient par centaines, et incessamment d'autres hommes sortaient du fourré.

C'était un spectacle étrange et fait pour inspirer l'effroi, car aucun de ces hommes ne montrait son visage aux derniers rayons du crépuscule. Tous avaient la figure couverte d'un masque de couleur sombre, — tous, hormis un seul qui portait au contraire un masque blanc comme neige, au milieu duquel reluisaient deux yeux ronds et incandescens, comme les yeux d'un chat-pard.

Cet homme, qui était de grande taille, mais de bizarre tournure, marchait le dernier. Lorsqu'il passa devant Jude, il se trouvait en arrière d'une cinquantaine de pas sur ses compagnons, et le vieil écuyer le vit avec étonnement faire, sans effort apparent, deux ou trois bonds réellement extraordinaires, qui le portèrent en quelques secondes à l'arrière garde de la fantastique armée.

Jude demeura plusieurs minutes comme

ébahi. Au bout de ce temps, sa lente intelligence ayant accompli le travail qu'une autre aurait fait de prime saut, il conjectura que ces sauvages soldats étaient des Loups. Mais où allaient-ils en si grand nombre et armés jusqu'aux dents? Jude se fit cette question, mais il n'y répondit point tout de suite, bien que les Loups, chuchottant entre eux, eussent prononcé en passant près de lui, plus d'un mot qui aurait pu le mettre sur la voie.

Il poursuivit sa route, tout pensif et fort intrigué, vers la demeure de Pelo Rouan.

Tandis qu'il marchait par les sentiers redevenus déserts de la forêt, son esprit travaillait, et les vagues paroles surprises çà et là aux Loups qui passaient, lui revenaient comme autant de menaces.

La loge de Pelo Rouan était fermée. Jude frappa de toute sa force à la porte close ; personne ne répondit.

— C'est étonnant, pensa-t-il, entremêlant sans le savoir le désappointement présent et l'objet de sa récente préoccupation. Ce singulier personnage, masqué de blanc qui marchait le dernier, avait des yeux semblables à ceux que je vis briller hier dans les ténèbres de cette loge... Ouvrez, mon compagnon, ouvrez à l'écuyer de Treml.

Point de réponse. Seulement, de l'autre côté de la loge, d'autres coups se firent entendre, comme pour railler ou imiter ceux qu'il distribuait libéralement à la porte.

Jude fit le tour de la cabane. Un rayon de lune, égaré à travers les branches des arbres, lui montra une petite fenêtre, fermée de forts volets qui s'agitaient sous l'effort d'une main cherchant à les ébranler à l'intérieur. Au moment où Jude ouvrait la bouche pour répéter sa requête, l'un des volets, violemment arraché, tomba auprès de lui. En même temps, une forme de jeune fille, dont la lune éclairait vaguement les exquises proportions, monta sur l'appui de la fenêtre, sauta aux pieds de Jude avec une légèreté de sylphide, et demeura un instant à genoux, les bras tendus vers le ciel.

— Sainte-Vierge de Mi-Forêt, je vous remercie! murmura la jeune fille avec une ardente dévotion. Protégez-le, protégez-le!... Si je le sauve, Notre-Dame, je vous donnerai un cierge, — et une couronne, — et ma croix d'or, — et tout ce que j'ai, bonne Vierge!

Elle se signa, baisa une petite médaille suspendue à son cou, se releva d'un bond et disparut comme une biche sous le taillis.

Elle n'avait point aperçu Jude.

— Fleur-des-Genêts! dit le bon écuyer que ces diverses et inexplicables péripéties jetaient dans un complet abasourdissement. Qui veut-elle sauver?... Et les autres... qui veulent-ils attaquer?

La lumière jaillit presque toujours de l'extrême confusion. Jude se pressa le front de ses deux mains, comme pour en faire sortir une pensée vague, obscure, dont il sentait instinctivement l'importance et qu'il ne pouvait formuler.

Au bout de quelques minutes, il se redressa brusquement et laissa tomber ses bras le long de son corps. La pensée avait jailli; la lumière s'était faite dans les ténèbres de sa cervelle : il comprenait.

— Didier! s'écria-t-il d'une voix brève et coupée; — elle l'aime; Pelo Rouan le déteste; — elle veut le sauver; il veut le tuer... Et les Loups... Par le nom de Treml il y aura quelqu'un pour le défendre!

Et il se prit à marcher à pas de géant

dans la direction de la Tremlays. Il semblait avoir retrouvé l'agilité de ses jeunes années, et perçait droit devant lui, au milieu des plus épaisses fourrées, comme un sanglier au lancer.

En ce moment, pour la première fois, il sentait quelle puissance avait pris, au fond de son cœur, son attachement pour le jeune capitaine, son nouveau maître. A cette honnête et fidèle nature il fallait un homme à qui se dévouer, et le souvenir de Treml ne suffisait pas à satisfaire l'éternel besoin d'obéir et d'aimer qui constituait, chez Jude, presque tout l'homme moral.

En arrivant à la grille du parc de la Tremlays, Jude était plus inquiet encore qu'au départ, car son flair de fils de la forêt lui révélait la présence d'une immense embuscade. Il sentait d'instinct que le château était entouré de mystérieux ennemis.

Tout était tranquille encore néanmoins, et Jude demeura indécis, n'osant peser sur la corde qui mettait en mouvement la cloche de la grille. Qu'il entrât par là ou par la maîtresse porte, donnant sur la cour du château, il y avait pour lui danger pareil d'être reconnu; or, Jude ne s'appartenait point, et son zèle pour le capitaine ne pouvait lui faire oublier entièrement et si vite qu'il avait juré de donner sa vie à Treml.

Heureusement, tandis qu'il hésitait, il vit briller la lumière d'une lanterne à travers les arbres, et bientôt il distingua l'imposante tournure de dame Goton, qui, la pipe à la bouche et à la main un énorme trousseau de clefs, s'en venait voir, suivant sa coutume, si toutes les portes étaient bien closes.

Dame Goton et Jude étaient trop bons amis pour que le lecteur conserve la moindre inquiétude touchant le terme de l'embarras du vieil écuyer. Nous laisserons la femme de charge l'introduire avec tout le mystère désirable, et nous réclamerons place à table dans le salon à manger de M. Hervé de Vaunoy.

Le souper était copieux et bien ordonné. Béchameil, qui avait dormi sur sa rancune et n'était point fâché d'ailleurs de veiller personnellement au salut de ces cinq cents mille livres, faisait grand honneur à une seconde édition de son fameux blanc-manger, qu'il avait revu et corrigé pour la circonstance. Le vin était excellent ; l'officier du roi, qui commandait les sergens de Rennes, se trouvait être un joyeux vivant ; Didier lui-même accueillait avec plus de bienveillance l'hospitalité empressée de Vaunoy.

Une seule chose manquait au festin, c'était la présence d'Alix, retenue en son appartement par la fièvre délirante qui ne l'avait point quittée depuis la veille. — Mais Alix, il faut le dire, était merveilleusement remplacée par sa tante, mademoiselle Olive de Vaunoy, laquelle tenait le centre de la table, et faisait les honneurs avec une grâce qu'il ne nous est point donné de décrire.

Parmi les valets, qui servaient à table, nous citerons maître Alain et Lapierre. Vaunoy ne les perdait pas de vue ; et, tout en faisant mille caresses au jeune capitaine, il paraissait accuser ses deux suppôts de lenteur, et contenait difficilement son impatience.

Le premier service avait été enlevé pour faire place aux rôts et à la pâtisserie, qui, placés au centre de la table, s'entourait d'un double cordon de dessert. On versait les vins du Midi, ce qui semblait causer à Béchameil et à l'officier rennais une fort notable satisfaction.

Didier tendit son verre par dessus son

épaule. Ce fut Lapierre qui versa. Vaunoy et lui échangèrent un rapide coup d'œil. Mais, au moment de porter le verre à ses lèvres, Didier se tourna brusquement et regarda Lapierre en face. Le saltimbanque émérite soutint parfaitement ce regard, et demeura, sans sourciller, à la position du laquais derrière la chaise de son maître.

Didier répandit ostensiblement le contenu de son verre sur le parquet, et fit à Lapierre un signe impérieux de s'éloigner, ce que celui-ci exécuta aussitôt en s'inclinant avec un feint respect.

Vaunoy était devenu pâle.

— Notre vin de Guyenne ne plaît pas au capitaine Didier? demanda-t-il en s'efforçant de sourire.

— Ne parlez pas ainsi, monsieur mon ami, interrompit Béchameil qui cherchait un bon mot depuis le potage, — ou M. le capitaine vous actionnera en calomnie devant notre parlement.

Cela dit, Béchameil crut devoir éclater de rire.

— Monsieur de Vaunoy, répondit le capitaine avec une froide politesse, veuillez m'excuser, s'il vous plaît... Veuillez surtout faire en sorte que cet homme ne m'approche jamais... J'ai mes raisons pour parler ainsi, monsieur de Vaunoy.

— Sortez, Lapierre! dit le maître de la Tremlays. Mon jeune ami, ajouta-t-il, choisissez, je vous en supplie, entre tous mes valets. Vous plaît-il être servi par mon majordome en personne?

C'était littéralement tomber de Charybde en Scylla, car Lapierre, en sortant, avait remis au majordome le flacon qu'il tenait à la main. Didier salua légèrement en signe d'acquiescement, et tendit son verre à maître Alain, qui l'emplit jusques aux bords.

— A la santé du roi! dit le maître de la Tremlays en se levant.

Tous les convives l'imitèrent, excepté mademoiselle Olive, que sa qualité de dame dispensait de ce mouvement.

— A la santé du roi! répéta Didier, qui but son verre d'un trait.

Un imperceptible sourire vint à la lèvre

d'Hervé de Vaunoy. Il fit un signe à maître Alain. Celui-ci lança par la fenêtre le flacon qui avait servi à remplir le verre de Didier.

Nul ne remarqua cet incident, et le souper se poursuivit comme si de rien n'était.

Au bout de quelques minutes, Didier cessa tout à coup de répondre aux gracieuses prévenances dont l'accablait mademoiselle Olive. Sa tête oscilla lourdement sur ses épaules; ses paupières battirent comme pour chasser un irrésistible sommeil.

Olive, scandalisée, rentra en un digne silence; ce qui permit au capitaine de s'endormir tout-à-fait.

— Saint-Dieu ! dit Vaunoy, notre jeune ami n'est pas aimable ce soir ! Il jette notre vin et s'endort à notre barbe... Lui auriez-vous conté une histoire, mademoiselle ma sœur ?

Olive se pinça les lèvres et foudroya son frère du regard.

— Cela n'expliquerait pas pourquoi il a répandu son vin de Guyenne, dit Béchameil avec son habituelle naïveté.

— Nous lui passerons tout cela en faveur de son titre d'officier du roi, reprit joyeusement le maître de la Tremlays, et nous pousserons l'attention jusqu'à le faire emporter dans son fauteuil, afin de ne point troubler son sommeil.

Deux valets en effet soulevèrent le siége de Didier et l'emportèrent, toujours dormant, à sa chambre. Cela réjouit fort M. de Béchameil et l'officier rennais, qui jura sur son honneur que M. de Vaunoy savait exercer l'hospitalité dans les formes.

Didier ne s'éveilla point durant le trajet. Les deux valets le déposèrent endormi sur son lit et se retirèrent.

Une heure après environ, un bruit terrible se fit autour du château. Les portes furent attaquées toutes à la fois, et brisées d'autant plus facilement qu'il ne se présenta personne pour les défendre.

Par une fatalité singulière, sergens et soldats de la maréchaussée se trouvaient casernés dans une grange qu'on avait fermée en dehors. — Une seule personne fit résistance, ce fut la vieille Goton qui, après avoir inutilement essayé de relever le courage de maître Simonnet et des autres valets de Vaunoy, saisit bravement un mousquet, et fit le coup de feu par la fenêtre de la cuisine.

Au moment où l'on entendit les premiers bruits de cette attaque inopinée et furieuse, Vaunoy était dans son appartement avec maître Alain, Lapierre, et deux autres valets armés.

— Voici l'instant, dit-il avec un certain trouble dans la voix ; — il dort et vous êtes quatre... Saint Dieu ! ne me le manquez pas cette fois.

— Je m'en chargerai tout seul, reprit Lapierre ; et, en vérité, ce jeune fou prend à tâche de me donner envie de le tuer..... Voilà deux fois qu'il me foule aux pieds depuis hier..... La vengeance m'importe peu, mais j'aurai un certain plaisir...

— Trêve de paroles ! interrompit Vaunoy ; — à vous le capitaine ; à moi les Loups !...

Les quatre estafiers s'engagèrent dans le long corridor qui conduisait à la chambre de Didier. Lapierre marchait le premier, épée nue dans la main droite, poignard dans la gauche. Maître Alain venait le dernier, ce qui lui donna occasion de dire, sans être aperçu, un mot à sa bouteille carrée.

— Attention! dit Lapierre en arrivant à la porte, je vais frapper; s'il s'éveille, par le plus grand des hasards, vous me soutiendrez.

Il entra. Une obscurité profonde régnait dans la chambre de Didier. Lapierre s'avança doucement; et, lorsqu'il se crut à portée du lit, il leva son épée.

Une autre épée arrêta la sienne dans l'ombre. — Lapierre recula étonné.

— Lève la lanterne, Jacques, dit-il à l'un des estafiers.

Celui-ci obéit, et nos quatre assassins aperçurent debout, devant le lit de Didier endormi, un homme de grande taille, qui, droit et ferme sur la hanche, présentait la pointe de son épée nue.

Le vieux majordome poussa un cri de surprise.

— Saint Jésus, dit-il, garde à nous!... Je le reconnais, cette fois... nous ne sommes pas trop de quatre... c'est Jude Leker, l'ancien écuyer de Nicolas Treml!

QUATRE CONTRE UN.

XXX

Jude avait été introduit, comme nous l'avons dit, par la vieille femme de charge, et avait attendu son maître sur son lit de camp qui se trouvait dans un coin de la chambre.

Il s'était fort étonné lorsqu'il avait vu Didier, endormi, apporté par deux valets, et son inquiétude avait redoublé; mais il était resté coi, afin de n'être point aperçu.

A plusieurs reprises, quand les valets furent partis, il appela son maître à voix basse. Celui-ci, plongé dans un sommeil de plomb, n'eut garde de lui répondre. Le breuvage que lui avait versé maître Alain durant le souper était un narcotique puissant, mélangé à forte dose au vin de Guyenne, si bien apprécié par M. de Béchameil.

Ce silence obstiné mit une lugubre appréhension dans l'esprit de Jude.

— C'est étrange! pensa-t-il. Serait-ce

un cadavre que ces hommes viennent d'apporter ?

Il se leva doucement et posa sa main sur le cœur du jeune homme qui battait fort tranquillement.

— Il dort! se dit Jude avec un soupir de soulagement. Que Dieu lui donne un long et tranquille sommeil !

Ce souhait devait être rempli outre mesure.

Au moment où Jude regagnait sa couche, le fracas de l'attaque éclata de toutes parts. Le vieil écuyer prit son épée, et se tint prêt à tout événement.

Au bout de quelques minutes, il entendit un bruit de pas dans le corridor et saisit quelques mots de la conversation des quatre assassins.

— Il faut pourtant l'éveiller, se dit-il : — Capitaine! capitaine!

Ce disant, il secoua rudement Didier, qui demeura inerte et comme mort. Le brave écuyer, de guerre las, prit son parti et se plaça devant le lit.

— Si c'est Pelo Rouan, pensa-t-il, je l'adjurerai au nom de Treml,—et d'ailleurs, Pelo Rouan ne frappera pas un homme endormi..... mais si ce n'est pas Pelo Rouan?...

En guise de réponse à cette embarrassante question, Jude tira son épée et se mit en garde. Au même instant, la porte fut ouverte et donna passage aux estafiers de Vaunoy.

Pour être plus vieux de vingt ans, Jude Leker n'avait point perdu cette robuste et martiale apparence qui avait donné jadis à réfléchir aux roués de la suite du régent. Dans la position qu'il avait prise devant le lit du capitaine, sa grande taille se développait dans toute sa hauteur et montrait, à la vacillante clarté de la lanterne, le vigoureux dessin de ses formes athlétiques. Sur son visage régnait ce calme profond qui, lorsqu'un homme est en face du péril, annonce une détermination indomptable. Son regard restait lourd, presque apathique, et chacun de ses muscles gardait une immobilité parfaite.

Au seul nom de Jude, Lapierre crut deviner une alarmante complication. La présence de l'ancien écuyer de Treml auprès du capitaine rendait plus irrévocable, s'il est possible, l'arrêt de mort qui pesait sur ce dernier, car cette réunion avait quelque chose de providentiel, et donnait une force nouvelle aux motifs que Vaunoy avait de redouter Didier.

Le premier mouvement de Lapierre fut donc d'ordonner l'attaque; mais un coup-d'œil jeté sur la ferme et menaçante attitude du vieil écuyer retint cet ordre sur sa lèvre. Il connaissait de réputation Jude, qui avait passé autrefois pour le plus vaillant homme d'armes du pays rennais, et ce qu'il voyait de lui n'était point fait pour démentir sa renommée. Jude était seul, mais des quatre estafiers deux étaient des valets pris pour faire nombre, le troisième, maître Alain, vieillard débile et usé par une ivrognerie de chaque jour, chancelait déjà sous le poids d'une ivresse fort avancée; le quatrième enfin, qui était Lapierre en personne, pouvait, poussé à bout, ne pas être un adversaire à dédaigner; mais la guerre n'était point son fait en définitive, et il ne combattait jamais qu'au pis-aller.

De sorte que les forces ennemies, sans se balancer exactement, n'étaient pas non plus trop inégales.

Maître Alain était au flanc de Jude, à bonne distance il est vrai; Lapierre faisait face, et les deux valets se trouvaient entre ce dernier et le majordome.

Lapierre baissa son épée, et remit son poignard à sa ceinture après avoir hésité quelques instans. Tandis qu'il hésitait, ses sourcils s'étaient légèrement froncés ; mais il reprit bientôt son air d'insouciance.

— Mon compagnon, dit-il à Jude d'un ton délibéré, le vénérable maître-d'hôtel de la Tremlays prétend vous reconnaître pour un ancien serviteur de la maison. A ce titre, je me déclare fort joyeux de faire votre connaissance... Voulez-vous, s'il vous plaît, nous livrer passage, afin que nous puissions accomplir notre tâche.

Jude ne répondit point et demeura immobile.

— Mon compagnon, reprit Lapierre, nous sommes quatre et vous êtes seul... En outre, si vous voulez prendre la peine d'ouvrir vos oreilles, vous ne douterez point que nous n'ayons dans le château de nombreux auxiliaires.

Le fracas redoublait en effet ; les Loups avaient fait irruption à l'intérieur. C'était un vacarme assourdissant, qui eût éveillé un mort. — Pourtant le capitaine dormait toujours.

— Mon compagnon, dit pour la troisième fois Lapierre qui prit un ton caressant et envoya un rapide coup-d'œil à ses gens, — je serais fâché d'agir envers vous de violence, mais.....

Il n'acheva pas. — Les cinq épées lancèrent à la fois cinq gerbes d'étincelles. Il y eut un court cliquetis. Maître Alain tomba sur ses genoux en poussant un gémissement sourd, et l'un des valets mesura le sol au milieu d'une mare de sang.

Jude, qui s'était fendu deux fois coup sur coup, se remit en garde.

Lapierre recula ainsi que le second valet. Le mauvais succès de la traîtreuse attaque qu'il avait tentée au moment même où il semblait vouloir parlementer, le déconcerta quelque peu, et il jeta un piteux regard sur ses compagnons hors de combat.

— Vertudieu! grommela-t-il, ce n'est pas trop de quatre, en effet... Lève la lanterne, Jacques.

La lumière tomba d'aplomb sur le juste-au-corps de Jude, et Lapierre poussa un cri de joie. Le vieil écuyer restait droit et ferme; mais son sang coulait abondamment par trois blessures. L'assaut n'était pas aussi mauvais que Lapierre l'avait cru d'abord.

— Il ne s'agit que d'attendre, reprit celui-ci, qui recouvra aussitôt sa froide insouciance; — du diable s'il reste un quart d'heure debout avec ces trois saignées.... Attention, Jacques! il est à nous.... Fais comme moi; accule-toi au mur et reste en garde... Quand ce brave garçon tombera, nous achèverons notre besogne.

Jacques obéit. Lapierre et lui s'acculèrent au mur. Maître Alain et l'autre valet gisaient à terre sans mouvement, et morts, suivant toute apparence.

Jude envisagea sa situation avec tout le calme de son stoïque courage : sa situation était désespérée ; il se sentait faiblir de minute en minute; ses forces s'en allaient avec son sang. Une fois, le bruit que faisaient les Loups s'approcha dans la direction de la chambre ; Jude eut une lueur d'espoir.

— Pelo Rouan ! cria-t-il : — au secours !

Il aimait mieux un ennemi loyal que ces misérables, soudoyés pour assassiner.

Mais le bruit s'éloigna, et Pelo Rouan ne vint pas.

— Holà ! dit Lapierre ; le charbonnier

se mêle-t-il aussi de protéger l'orphelin!... heureusement, il est à trop bonne distance pour entendre... et, puisque ce brave garçon appelle ainsi les absens, c'est signe que sa cervelle déloge... Il a chancelé, sur ma foi!

Jude se redressa vivement, mais Lapierre ne s'était point trompé. Il avait chancelé.

— Ah ça! murmura l'ancien saltimbanque, c'est un taureau que cet écuyer. — Il a déjà perdu plus de sang qu'il n'y en a dans mes veines, et il est encore debout. Si l'autre allait finir son somme, nous serions ici à terrible fête!

Jude pâlissait et haletait.

— Eveillez-vous, monsieur le capitaine! cria-t-il d'une voix affaiblie déjà. — Eveillez-vous!

— Pourquoi ne pas lui donner le nom de son père, mon compagnon? demanda Lapierre avec ironie. — Allons! ne te gêne pas... Ce nom, prononcé en ce lieu, aurait peut-être une vertu magique.

Jude ne comprenait point. — Il mit la main sur l'une de ses blessures afin d'arrêter le sang; mais Lapierre, impitoyable et pressé d'en finir, simula une attaque qui le força de se remettre en garde. Le sang coula de nouveau.

— Eveillez-vous, monsieur, éveillez-vous! cria encore Jude, qui s'appuya, épuisé, aux colonnes du lit.

Didier dormait toujours.

Jude, à bout de forces, lâcha son épée, glissa le long du lit et tomba dans son sang.

— Dieu n'a pas voulu que je mourusse pour Treml! murmura-t-il avec un douloureux regret.

— Et pour qui donc, mon brave garçon? s'écria Lapierre en éclatant de rire. Est-ce que, par hasard, tu ne saurais pas!... Ce serait une excellente plaisanterie.

Un méchant sourire crispa la lèvre du saltimbanque, tandis qu'il parlait ainsi. Il s'approcha de Jude qui respirait avec effort et ne bougeait plus.

— Mon compagnon, dit-il en lui tâtant

le pouls, tu as encore trois minutes à vivre pour le moins. Veux-tu que je te conte une histoire?..... Bien, bien! qui ne dit mot consent, et je suis sûr que tu as très grand désir d'entendre mon histoire... Retiens-toi de mourir, cela va t'amuser... Un soir, figure-toi, je passais par la forêt de Rennes, j'étais charlatan de mon métier et j'avais besoin d'un enfant... Ton pouls a l'air de vouloir s'éteindre : un peu de patience, que diable!.... Sur le revers d'un fossé, j'aperçus une jolie petite créature emmaillotée de peaux de lapins. Je laissai les peaux de lapins, mais j'emportai l'enfant qui faisait justement mon affaire. Une fois à Paris... Aurais-tu dessein de me fausser compagnie? j'abrége... Cet enfant grandit ; le hasard le fit échapper à ma tutelle ;

il devint page de M. le comte de Toulouse, puis gentilhomme de sa chambre, puis.... A la bonne heure, voici ton pouls qui recommence à battre comme il faut... Puis capitaine de la maréchaussée... Devines-tu?...

Une légère et fugitive rougeur monta au visage de Jude, qui néanmoins demeura immobile et garda ses yeux fermés.

— Tu ne devines pas? reprit Lapierre. Hé bien! je vais te mettre les points sur les *i* afin que tu t'en ailles content dans l'autre monde. Cela t'expliquera en même temps pourquoi nous sommes ici de la part d'Hervé de Vaunoy.... L'enfant que je trouvai dans la forêt avait nom Georges Treml.

A peine Lapierre avait-il prononcé ce nom qu'il poussa un cri de rage et de douleur.

Un mouvement d'incommensurable joie venait d'emplir le cœur de Jude et galvanisait son agonie. Le bon écuyer, retrouvant vie pour un instant au nom adoré du fils de son maître, avait étreint, par un suprême effort, la gorge du saltimbanque qu'il tenait renversé sous lui.

— Au secours, Jacques! râla celui-ci.

Jacques s'avança, mais pas assez vite. Jude avait ramassé son épée et la plongea de toute sa force dans la poitrine de Lapierre. — Puis, s'appuyant d'une main aux colonnes du lit, il reçut le choc du dernier valet.

C'était encore un champion redoutable que Jude Leker à sa dernière heure. Le valet, grièvement blessé dès les premières passes, jeta son arme et s'enfuit.

Jude se traîna jusqu'à la lanterne qui, éteinte à demi et oubliée par terre, éclairait d'une lueur faible et intermittente les résultats de cette scène de carnage. Il la prit, ranima sa flamme, et, s'aidant de ses mains, il regagna le lit où Didier, subissant toujours l'effet du narcotique, dormait son léthargique sommeil.

Ce fut avec une peine infinie que le bon écuyer, rassemblant tout ce qui lui restait de force, parvint à se relever. Il s'appuya d'une main sur les matelas, de l'autre il dirigea l'ame de la lanterne vers le visage de Didier.

Le capitaine était couché sur le dos, dans la position où l'avaient placé les valets de Vaunoy. Il n'avait point bougé depuis lors. La lumière de la lanterne tomba d'aplomb sur ses traits hardis et réguliers.

Jude se mourait, mais sa joie atteignait au délire. Il contempla un instant Didier endormi. Une extatique allégresse illumina sa simple et honnête physionomie, tandis que deux larmes brûlantes sillonnaient lentement le hâle de ses joues.

— C'est lui, murmura-t-il enfin; que Dieu le sauve et le bénisse!... Voilà bien le beau front de Treml! et ces yeux fermés, — je m'en souviens maintenant, — sont bien les yeux d'un Breton... hardis et hautains!... Oh! c'est un beau soldat, que le dernier fils de Treml! C'est un digne rejeton du vieil arbre... Si je l'avais reconnu plus tôt...!

Il prit la main de Didier et se pencha sur elle, ne pouvant la soulever jusqu'à sa lèvre.

— Monseigneur!... mon fils! poursuivit-il avec une passion si ardente que les dernières gouttes de son sang loyal remontèrent à sa joue; — éveillez-vous afin que je vous salue du vaillant nom de vos pères! éveillez-vous, enfant de Treml... votre vie sera belle et glorieuse désormais, monsieur Georges...

Il s'arrêta; son regard exprima une profonde terreur.

— Mon Dieu! mon Dieu! cria-t-il d'une voix sourde; il dort et je vais mourir! Je vais mourir, emportant son secret, son bonheur... tout ce que Dieu vient de lui rendre!

Un amer désespoir avait remplacé l'allégresse de Jude. Il regardait son jeune maître avec des yeux découragés. La vie l'abandonnait; il le sentait, et c'était pour lui une accablante angoisse que de faire défaut pour ainsi dire au dernier Treml, que de l'abandonner en ce moment suprême, où un seul mot, prononcé et entendu, lui rendait fortune et noblesse.

— Je ne veux pas mourir, reprit-il avec

efforts ; — ce serait trahison ! Il faut que je vive pour le servir et pour l'aimer... Arrête-toi donc, mon sang : tu es à lui, tout à lui... Je deviens fou ! Notre-Dame de Mi-Forêt, sainte mère du Christ, ayez pitié ! Qu'il s'éveille, ou que je vive un jour encore !... Sainte Vierge ! la mort est sur moi... j'ai peur !...

Le malheureux vieillard tremblait son agonie et avait besoin de ses deux mains pour se retenir aux couvertures du lit. Une minute se passa durant laquelle il souffrit un martyre que nous n'essaierons pas de dépeindre. Puis ses mains glissèrent lentement le long des couvertures.

— Eveille-toi ! éveille-toi ! râla-t-il... — Ecoute !... Ecoutez-moi, mon aimé seigneur!... Oh! vous m'entendez bien, n'est-ce pas?... Il y a dans le creux du chêne de la Fosse-aux-Loups un parchemin et de l'or... Tout cela est à vous, Georges Treml... à vous... moi, je suis un mauvais serviteur... je meurs quand vous auriez besoin que je vive... Pardonnez-moi!... pardonnez-moi!

Ses jambes fléchirent; il tomba pesamment à la renverse en prononçant une dernière fois le nom idolâtré de son jeune maître.

Didier dormait toujours.

Un silence de mort régna dans la chambre durant quelques minutes. La lanterne, demeurée sur le lit, jetait encore par in-

XXXI

Alix de Vaunoy entra. Elle était pâle; son beau visage gardait les traces d'une cruelle souffrance. Ses yeux avaient ce regard morne et fixe que laisse après soi la brûlante exaltation de la fièvre.

Au moment où le maître de la Tremlays avait donné le signal à ses quatre estafiers, Alix était couchée sur son lit et sommeillait péniblement. Autour d'elle étaient mademoiselle Olive, sa tante, la fille de chambre Renée et une autre servante. Le fracas de l'attaque des Loups vint réveiller Alix en sursaut et frapper d'épouvante les trois femmes qui la gardaient. Mademoiselle Olive s'évanouit au premier coup de fusil, et les deux servantes s'enfuirent affolés par la frayeur. Alix demeura seule.

Son sommeil, si court et agité qu'il eût été, l'avait un peu calmée. Le bruit de l'attaque, en ébranlant son cerveau affaibli, fit surgir quelques vagues pensées, à peu près comme la secousse imprimée à un bassin d'eau trouble fait remonter les corps submergés à la surface.

Elle eut souvenir de son entretien avec Lapierre et de la mortelle douleur qui avait torturé son ame. Elle prononça le nom de son père, puis le nom de Didier.

Puis encore elle se leva lentement, jeta sur ses épaules un peignoir blanc, prit un flambeau et quitta sa chambre.

Il n'y avait personne pour la retenir. — Dans le corridor elle rencontra plusieurs Loups, qui, maîtres du château, le traitaient en pays conquis; mais les Loups s'enfuirent à l'aspect de cette pâle figure, qui semblait de loin entourée d'un linceul. Ils la prirent pour un fantôme, et n'eurent garde de lui barrer le passage.

Elle prit le chemin de la chambre de Didier.

On ne peut dire qu'Alix fût en état de somnambulisme. Elle était bien réellement éveillée ; mais son intelligence flottait dans un milieu obscur : elle pensait comme on rêve.

Lorsqu'elle ouvrit la porte du capitaine, seule, au milieu de la nuit, l'idée ne lui vint même pas que ce pût être un acte condamnable ou simplement en dehors des lois de la décence féminine. Malgré les demi-ténèbres où son esprit était plongé, elle savait que, entre elle et Didier, il existait un obstacle infranchissable, un abîme rendu plus profond par les accablantes insinuations de Lapierre. Elle venait au secours d'un homme qu'elle aimait de passion grave, inguérissable, mais dépourvue d'espoir, — nous dirions presque exempte de désirs. Par une tendresse instinctivement prévoyante, plutôt que par l'enchaînement logique de ses souvenirs et des affreux soupçons qui avaient précédé et amené sa fièvre, elle sentait que Didier était menacé, — et elle venait.

La scène que nous avons mis si longtemps à raconter, dans le chapitre qui précède, n'avait réellement duré que quelques minutes, et lorsqu'Alix arriva au seuil de la chambre de Didier, le combat avait déjà pris fin.

Elle entra, comme nous l'avons dit, en prononçant involontairement et sans le savoir peut-être le nom qui était incessamment au fond de son cœur.

Le vieux majordome, stupéfait de cette apparition étrange, demeura immobile, et n'eut pas même la force de demander conseil à sa bouteille carrée. Alix, qui avait fait quelques pas sans le voir, l'aperçut enfin, et, de sa main étendue, lui désigna la porte. Le vieillard sortit aussi vite que le lui put permettre le méchant état de ses jambes avinées.

Alix posa son flambeau sur la table, et s'assit au pied du lit. — Ses regards s'égaraient dans l'obscurité du corridor, à travers la porte entrebâillée. La fièvre revenait et mettait un voile plus épais sur son esprit.

— Quelle étrange odeur! dit-elle après quelques secondes de silence, pendant lesquelles son œil n'avait point cherché Didier. — Il règne ici une atmosphère qui suffoque... Pourquoi ces hommes dorment-ils sur le carreau?... Ils sont heureux de pouvoir dormir!... Moi, je souffre, — jusque dans mes rêves!...

Elle mit la main sur son front, et ses lèvres pâlies se prirent à sourire.

— Didier, murmura-t-elle, vous souvient-il des merveilleux bals de monseigneur le comte de Toulouse? Nous dansions ensemble... toujours... Et cet autre bal... vous n'avez pu l'oublier..... chez mon père?...

Elle s'interrompit et frissonna de la tête aux pieds.

— Toute la nuit, reprit-elle, nous donnâmes nos cœurs à une folle joie... Mais le matin... en sortant... Ils mentent, Didier, ils mentent! Ce ne fut pas mon père qui dirigea le bras de l'assassin!

— Didier! mon Didier! cria dans la cour, sous la fenêtre, la voix de jeune fille que nous avons entendue déjà.

— Didier! répéta mademoiselle de Vaunoy en faisant effort pour ressaisir sa pensée fugitive; — oui... je suis venue pour lui... où est-il?

Elle jeta son regard autour de la chambre et aperçut le capitaine dormant auprès tervalles de tristes lueurs sur cette scène de désolation.

Tout à coup on entendit un long et retentissant bâillement. L'un des cadavres s'agita et se mit à étirer ses membres, comme on fait après un lourd sommeil.

Ce cadavre était celui de maître Alain, le majordome, lequel n'avait d'autre blessure qu'un large trou fait à son pourpoint. Le vieux buveur était tombé au choc de Jude, et, moitié par frayeur, moitié par ivresse, il ne s'était point relevé. Or, on sait qu'un homme ivre, si poltron qu'il puisse être, s'endormirait à dix pas de la roue d'une locomotive. Maître Alain s'était endormi.

En s'éveillant, son premier soin fut de

donner une marque d'affection à sa bouteille carrée. Il ne se souvenait de rien. Après avoir avalé une ample rasade, il se leva, chancelant, et plus ivre que jamais.

— Pourquoi diable suis-je hors de mon lit? se demanda-t-il.

Un coup d'œil jeté autour de soi lui rendit la mémoire.

— Ho! ho! dit-il; la bataille est finie... Voici mon vieux compagnon Jude dans l'état où je le désirais... Et ce jeune coquin de Georges Treml!... il dort comme un bienheureux... Ma foi! je vais achever la besogne.

Il prit son poignard et s'avança laborieusement vers le lit, non sans dire un mot en chemin à sa bouteille, afin de se donner du courage. Au milieu de la chambre il trébucha contre le corps de Lapierre.

— Tiens! gronda-t-il; le voilà qui dort aussi!... Lapierre!... viens m'aider, mon garçon.

Lapierre n'avait garde de répondre. Maître Alain se pencha sur lui et lui mit le goulot de son flacon carré dans la bouche.

— En veux-tu? demanda-t-il suivant sa coutume.

L'eau-de-vie se répandit à terre. Maître Alain se releva.

— Il ne boira plus! dit-il avec solennité.

Au moment où il arrivait à portée du lit, il s'arrêta pour écouter une voix douce, mais éplorée, qui chantait dans la cour, sous la fenêtre, un couplet de la romance d'Arthur de Bretagne.

— Joli moment pour chanter! murmura-t-il.

La voix s'interrompit et prononça tout bas avec un accent désolé :

— Didier!... mon Didier!

— Présent! dit en riant le majordome. Allons! un autre couplet!

La douce voix de jeune fille, comme si elle eût voulu obéir à cet ordre ironique, reprit cette partie de la complainte qui raconte les douleurs de la duchesse Constance de Bretagne, et chanta d'une voix pleine de larmes :

Elle cherchait, dans sa détresse,
La forteresse
Où l'Anglais tenait enfermé
Son bien-aimé.

Puis elle dit encore :

— Didier! mon Didier!... où es-tu ?

Le vieux majordome, réduit à l'état d'enfance par son ivresse, s'approcha curieusement de la fenêtre pour voir la chanteuse; mais, au même instant, la porte s'ouvrit, et une vive lumière inonda la chambre.

Maître Alain se retourna.

Il vit Alix de Vaunoy, pâle, l'œil égaré,

tenant à la main un flambeau. Elle, aussi, prononça d'une voix étouffée les mêmes mots que la chanteuse :

— Didier ! mon Didier !

ALIX ET MARIE.

d'elle. Cette vue sembla éclairer soudainement son intelligence.

— Je me souviens, dit-elle, je me souviens!... Il y avait dans les paroles de ce misérable valet une terrible menace. Les assassins vont venir peut-être...

Elle tourna les yeux avec effroi vers la porte, et ses yeux rencontrèrent en chemin, sur le carreau, les trois prétendus dormeurs. En même temps l'odeur du sang vint de nouveau blesser son odorat.

— Ils sont venus, s'écria-t-elle; est-il blessé?... Dieu soit loué! son sommeil est tranquille... Mais qui donc a pu le défendre ?

Elle prit le flambeau et l'approcha successivement des trois cadavres. Elle reconnut Lapierre, lequel gardait, mort, son cynique et insouciant sourire. Elle reconnut aussi l'autre valet.

Le troisième visage, celui de Jude, était étranger à mademoiselle de Vaunoy. Elle le considéra un instant en silence, puis, se penchant tout à coup, elle mit un baiser à son front.

— Que Dieu ait son ame, murmura-t-elle avec une passionnée gratitude ; il est mort pour le défendre... Chaque matin et chaque soir, dussé-je vivre cent ans, je dirai une prière en vue de son salut... Ils étaient trois contre lui... davantage peut-être... C'était un vaillant serviteur !

Elle se releva et revint vers Didier.

— Je veux rester là, reprit-elle, jusqu'à son réveil... on n'osera pas le tuer devant moi.

Les Loups, cependant, continuaient de parcourir le château; les uns buvaient, les autres dévastaient. Le bruit du pillage et de l'orgie arrivait, comme par bouffées, le long des corridors. Lorsque ce fracas se calmait, Alix entendait, sans trop y prendre garde, des sanglots de femme dans la cour. Parmi ces sanglots, elle crut saisir une seconde fois le nom de Didier, et son oreille s'ouvrit avidement.

— Il ne m'entend pas! disait la voix avec découragement; il ne reconnaît plus mon chant... Didier!... c'est moi!...

Puis elle chantait parmi ses larmes :

Elle cherchait, dans sa détresse,
La forteresse,
Où l'Anglais avait enfermé
Son bien-aimé.

Alix se précipita vers la fenêtre. — La voix continua :

La nuit, elle venait dans l'ombre
De la tour sombre.
Elle disait sous le grand mur :
Arthur ! Arthur !

— Marie ! c'est Marie ! dit Alix dont le cœur battit avec force ; c'est Marie, qui l'aime aussi, et qui est aimée... C'est Marie, qui aurait le droit d'être ici à ma place, et qui va me chasser !

— Didier !... mon Didier ! cria la voix épuisée.

— Son Didier! répéta mademoiselle de Vaunoy avec amertume; — c'est vrai... Il est à elle... et moi... n'ai-je donc plus de force pour souffrir?

Elle ouvrit la fenêtre.

— Marie! cria-t-elle.

La pauvre Fleur-des-Genêts s'était laissée tomber sur une pierre. Elle se releva vivement et reconnut à la fenêtre éclairée les traits pâlis de mademoiselle de Vaunoy.

— L'avez-vous vu? demanda-t-elle.

— Il est là, répondit Alix en se tournant vers le lit.

La chambre de Didier était au premier

étage. La fenêtre qui s'ouvrait sur la cour se trouvait entourée de vigoureuses pousses de vignes dont les branches bossues descendaient tortueusement jusqu'au sol. Fleur-des-Genêts s'élança, légère comme un oiseau. La vigne lui servit d'échelle. L'instant d'après elle sautait dans la chambre du capitaine.

— Où est-il? où est-il? s'écria-t-elle.

Alix lui montra le lit. Fleur-des-Genêts se mit à genoux au chevet de Didier.

— Comme je souffrais! dit-elle en essuyant une larme qui n'avait pas eu le temps de sécher et qui brillait au milieu de son sourire, — il y avait bien longtemps que je criais et que je chantais, afin qu'il me reconnût; je tremblais d'être arrivée trop tard... Merci! Alix... merci, ma bonne demoiselle... Il dort... il ne sait pas que sa vie est en danger...

— Et comment le sais-tu, toi, Marie? demanda mademoiselle de Vaunoy qui songeait à son père et avait peur.

— Comment je le sais, Alix?... Ne sais-je pas tout ce qui le regarde?... Mais comme il est beau, voyez, mademoiselle!

Les yeux des deux jeunes filles caressèrent en même temps le visage du capitaine.

— Oui, dit Alix tristement, tu es bien heureuse, Marie!... Mais le danger qui le menaçait est-il donc connu dans la forêt?

— C'est de la forêt que vient ce danger, mademoiselle. Ils sont partis ce soir de la Fosse-aux-Loups pour tuer mon beau capitaine... C'est Dieu qui a permis que les Loups n'aient point trouvé encore la chambre où il repose, et il faut l'éveiller bien vîte.

— Les Loups! répéta mademoiselle de Vaunoy avec terreur; —les Loups veulent-ils donc aussi l'assassiner!

— Non, pas eux, mais un misérable dont j'ignore le nom, et qui leur a ouvert les portes de la Tremlays... Mon père déteste le capitaine, parce qu'il est Français et que je l'aime... Mon père a dit : Je ne frapperai pas, mais je laisserai frapper..

C'était dans notre loge qu'il disait cela hier, et moi j'écoutais derrière la porte de ma chambre. Je me suis jetée aux genoux de mon père ; je l'ai prié en pleurant de me laisser sauver Didier ; mon père m'a enfermée dans ma chambrette... J'ai bien pleuré !... puis j'ai repris courage. Regardez mes mains, Alix, elles saignent encore. J'ai brisé les volets de ma fenêtre ; j'ai sauté dehors et je suis accourue à travers les taillis... Mais les murs du parc sont bien hauts, ma chère demoiselle. J'ai donné mon ame à Dieu avant de les franchir, car je croyais que l'heure de ma mort était venue. Notre-Dame de Mi-Forêt a eu pitié de moi, mon beau Didier est sain et sauf, et je vous trouve veillant sur lui comme un bon ange...

Elle s'interrompit tout à coup en cet endroit. Un nuage passa sur son front.

— Mais pourquoi veillez-vous sur lui, Alix? demanda-t-elle.

L'ame de Marie venait d'apprendre la jalousie. Ce fut un mouvement passager. Alix n'eut pas même besoin de répondre. Fleur-des-Genêts, en effet, pour la première fois depuis qu'elle était entrée, détourna son regard des traits chéris de Didier. Elle aperçut les trois cadavres et poussa un cri d'horreur.

— Notre-Dame de Mi-Forêt a eu pitié de toi, ma fille, répéta mademoiselle de Vaunoy d'un ton lent et grave. — Deux de ces hommes qui sont maintenant devant Dieu étaient des assassins... je les connais...

L'autre, que je ne connais pas, avait un cœur généreux et un bras vaillant... Plût au ciel qu'il vécût encore, car Didier n'est pas hors de péril... Ce sommeil étrange m'effraie, — et je sais que les ennemis du capitaine sont capables de tout.

Marie prit la main de Didier et la secoua.

— Eveillez-vous ! dit-elle ; éveille-toi !... Il reste immobile...

— J'ai lu par hasard, dans ces livres frivoles et mensongers dont ma pauvre tante fait ses délices, murmura Alix en se parlant à elle-même, que le lâche endort parfois le brave qu'il veut frapper à coup sûr... Pendant le souper... Je n'étais pas là ! — Peut être a-t-on versé au capitaine... Sans cela, tant de bruits divers ne l'eussent-ils pas réveillé ?

— Mais voyez donc, Alix ! criait Marie. Il ne bouge pas !

Elle devint pâle et frissonna de la tête aux pieds.

— Ce sommeil ressemble à la mort ! ajouta-t-elle.

— Ce sommeil y pourrait mener, ma fille, répondit Alix dont les beaux traits avaient perdu leur jeune caractère et qui semblait avoir mûri de dix ans depuis la veille ; — Es-tu forte ?

— Je ne sais... Au nom de Dieu ! aidez-moi plutôt à l'éveiller.

— Il ne s'éveillera pas... aide-moi à le sauver.

Fleur-des Genêts, soumettant son esprit à l'intelligence supérieure de sa compagne, vint vers elle et l'implora du regard, attendant d'elle seule le salut de Didier.

Alix souffrait cruellement et n'avait point le loisir de se reposer en sa souffrance. La vue de cette enfant, dont l'amour heureux tuait son espoir, à elle, et qui ne s'en doutait pas seulement, torturait son ame sans y pouvoir jeter la haine ou l'envie. C'était une noble fille qui eût mérité un père meilleur. Elle se pencha sur Fleur-des-Genêts et mit à sa joue un baiser de mère.

— Quand il t'aura fait sa femme, dit-

elle, tu seras bonne et douce, n'est-ce pas ? Pour son amour, tu lui donneras tout ton cœur... Oui... cela est mieux ainsi... Tu le rendras heureux.

— Je ne vous comprends pas, Alix, répondit Marie ; vous parliez de le sauver....

Mademoiselle de Vaunoy tressaillit.

— Tu as raison, dit-elle ; hâtons-nous et appelle à toi ton courage, ma fille.

Elle passa rapidement le poignard de Jude à sa ceinture et donna celui de Lapierre à Marie, qui ouvrait de grand yeux et ne devinait point le projet ds sa compagne.

— Tu es fille de la forêt, reprit Alix ; tu sais monter à cheval ; — tu aimes : tu

dois être forte... Il nous faut agir en hommes, cette nuit, ma fille. Fais comme moi, et si dans les corridors une arme se lève sur Didier, fais comme moi encore, et meurs en le défendant.

Un feu héroïque brillait dans les yeux d'Alix tandis qu'elle parlait ainsi. Fleur-des-Gênets la contempla un instant, puis baissa la tète en silence.

— As-tu peur? demanda mademoiselle Vaunoy avec pitié.

— Non, répondit Marie ; mais je crois que vous l'aimez, Alix.

L'enthousiasme de celle-ci tomba comme par magie.

— Tu crois que je l'aime! répéta-t-elle

d'une voix étouffée; — mais tu penses donc à toi, ma fille, en ce moment où peut-être il va mourir!... Tu crois que je l'aime!... Mais je sais que tu l'aimes, toi, je sais qu'il t'aime, et je ne songe qu'à le sauver!... Ecoute, Marie, depuis un an je suis bien malheureuse; — mais je souffrirais trop si je te croyais indigne de lui... Je l'aimais! ajouta-t-elle avec une soudaine violence; — je l'aimais avant toi, plus que toi... que t'importe?

— Oh! vous êtes si belle! murmura la pauvre Fleur-des-Genêts en pleurant.

Alix avait l'œil sec. Elle appela sur sa lèvre un de ces sourires tout imprégnés de courageuse souffrance qui font aux faibles frayeur et compassion, tant ils accusent de douleur et de force.

— Donne-moi ta main, enfant, dit-elle. Il est à toi... je ne l'aime plus !

— Mais lui ?...

— Il ne m'a jamais aimée !... Tiens! je te sacrifie mon dernier souvenir.

A ces mots, elle passa au cou de Didier endormi la médaille de cuivre qu'elle avait prise à Lapierre la nuit où celui-ci avait tenté d'assassiner le jeune capitaine dans les rues de Rennes. Marie n'eut point le temps de voir en quoi consistait cette offrande, car Alix reprit aussitôt avec énergie :

— A l'œuvre, maintenant, ma fille! Il

faut que Didier s'éveille hors de la maison de mon père.

Alix, avec une vigueur dont nul n'aurait pu la croire capable, surtout en ce moment où elle venait de quitter le lit où la clouait la fièvre, souleva les épaules de Didier et fit signe à Marie de prendre le capitaine par les pieds. Marie obéit passivement, comme un enfant qui suit, sans les discuter, les ordres de son maître. La couverture fut passée sous le corps de Didier, et les deux jeunes filles la prenant par les quatre coins, comme une civière, enlevèrent leur vivant fardeau.

Elles fléchissaient sous le poids. Néanmoins, elles s'engagèrent résolument dans les longs corridors de la Tremlays. De toutes parts, on entendait les rires et les chants des Loups qui, par bonheur, sérieusement occupés à boire, ne troublèrent point la retraite des deux jeunes filles. Elles traversèrent sans obstacle les sombres galeries du château et arrivèrent au seuil de la cour, où elles déposèrent le capitaine, afin de reprendre haleine.

Fleur-des-Genêts haletait et tremblait; Alix respirait doucement et ne semblait point lasse. Sa compagne la contemplait avec une admiration mêlée d'effroi.

Alix et Fleur-des-Genêts s'étaient connues dès l'enfance. Leur liaison ne se ressentait point de la différence de leur position sociale. Il y avait bien dans l'affection de Marie un peu de respect, mais ce respect était tout instinctif et n'avait rien à faire avec la fortune ou le rang de mademoiselle de Vaunoy.

Quant à celle-ci, elle aimait réellement Marie, et comme son ame était noble entre toutes, un homme, venant à se placer entre elle et sa pauvre compagne, ne put point changer son cœur. Peut-être, si le devoir n'eût point commandé, eût-elle défendu son bonheur, comme c'est le droit de toute femme, mais son sacrifice était fait dès longtemps, et il ne lui avait point fallu d'effort pour chérir sa rivale. Et pourtant elle aimait; elle aimait d'amour sérieux, profond, et qui devait durer toujours.

Fleur-des-Genêts, au contraire, n'avait jamais eu soupçon de la liaison passagère de Didier avec Alix. Si elle l'avait su, peut-être eût-elle repoussé bien loin les avances de la riche héritière de la Tremlays, car Marie avait l'ombrageuse fierté des élèves de la nature, et sa vie entière, d'ailleurs, se concentrait dans l'exclusive tendresse qu'elle portait à Didier. Or, depuis quelques minutes, le voile venait de se déchirer, Alix avait été sa rivale, et Marie sentait qu'Alix était supérieure aux autres femmes. N'avait-elle pas raison de craindre?

Les deux jeunes filles restèrent un instant immobiles, séparées par la longueur de la taille du capitaine. Alix réfléchissait. Fleur-des-Genêts la regardait timidement aux rayons de la lune qui brillait de tout son éclat au ciel.

— Qu'est cela? demanda mademoiselle de Vaunoy en désignant un objet qui se mouvait dans l'ombre du mur.

— C'est un cheval, répondit Marie. Pendant que j'errais dans la cour, un valet du maître de la Tremlays, votre père, est venu l'attacher auprès de la porte.

— Nous n'aurons pas besoin de la clé des écuries, alors... Quant à celle de la porte extérieure, les gens de la forêt ont fait en sorte sans doute que nous puissions nous en passer... Encore un effort, ma fille!

Elles reprirent leur fardeau, et, après bien des tentatives inutiles, elles parvinrent à placer le capitaine sur le cheval, et

Marie, qui se mit en selle, le soutint dans ses bras.

— Va, ma fille, dit Alix, — tu l'aimes, tu sauras bien lui trouver un asile.

En ce moment de la séparation, Fleur-des-Genêts eut honte et regret de ses soupçons. Elle se pencha; mademoiselle de Vaunoy la baisa au front.

— Vous êtes bonne et généreuse, mademoiselle, murmura Marie. Merci pour lui et pour moi.

Les Loups avaient laissé, en effet, la porte ouverte. Alix frappa de la main la croupe du cheval, qui partit aussitôt.

— Que Dieu veille sur lui! dit-elle.

Puis elle s'assit, accablée, sur le banc de pierre qui est l'accessoire obligé de toute porte bretonne. Son but était atteint; sa force, toute factice et résultat d'une héroïque volonté, tomba comme par magie. Elle redevint ce qu'elle était une heure auparavant : une pauvre enfant, brisée par la fièvre et incapable de se mouvoir.

Maître Alain, cependant, quelque peu dégrisé par l'apparition de la fille de son maître, était allé rendre compte à M. de Vaunoy du résultat négatif de l'attaque nocturne tentée contre la personne de Didier.

Le vieux majordome eut de la peine à trouver son maître. Celui-ci avait quitté son appartement aux premiers bruits de l'attaque, avait fait seller son cheval, — le cheval sur lequel Fleur-des-Genêts et Didier galopent à l'heure qu'il est dans les allées de la forêt; — puis, confiant dans les perfides mesures prises pour réduire les gens du roi à l'impuissance, il s'était rendu au devant des Loups, qu'il avait conduits, de sa personne, au hangar où les voitures chargées d'argent se trouvaient à couvert.

Cela fait, il comptait enfourcher son cheval et courir d'une traite jusqu'à Rennes.

Son plan, pour être extrêmement simple, n'en était que plus adroit. Didier, assassiné pendant l'attaque par ses propres estafiers, passerait naturellement pour avoir succombé en défendant les fonds du fisc qui étaient à sa garde. Les Loups seuls seraient, à coup sûr, accusés de ce meurtre, et lui, Vaunoy, arrivant le premier à Rennes pour porter cette nouvelle, ne serait pas le moins désolé de cette *catastrophe* qui enlevait ainsi, à la fleur de l'âge, un jeune officier de si grande espérance. Il n'y avait pas jusqu'à l'intrépidité connue de Didier qui ne dût ajouter une probabilité nouvelle à la version du maître de la Tremlays.

Aussi ce dernier était-il parfaitement sûr de son fait. Sa seule inquiétude ou plutôt son seul désir était désormais de mettre une couple de lieues entre lui et ses récens amis les Loups, dont il avait de fortes raisons de suspecter les intentions à son égard.

Après avoir fait pendant deux heures de vains efforts pour échapper à la surveillance de ces dangereux compagnons, il s'était enfin esquivé et gagnait à tâtons la porte de la cour pour trouver son cheval, lorsque maître Alain et lui se heurtèrent dans l'ombre.

Aux premiers mots du majordome, Vaunoy fut frappé comme d'un coup de massue. Didier vivait. Tout le reste était peine perdue.

— Comment! misérables lâches! s'écria Vaunoy en blasphémant, vous n'avez pas pu? Je jure Dieu que ce coquin de Lapierre...

— Il est mort, interrompit Alain.

— Mort?... Mais ce démon de capitaine s'est donc éveillé?

— Non... mais son valet, que je n'avais pu reconnaître hier, était Jude Leker, l'ancien écuyer de Treml.

— Jude Leker! répéta Vaunoy qui fit le même raisonnement que Lapierre et en demeura écrasé, — mais alors Georges Treml sait tout... et il vit!

— Ce n'est pas ma faute, reprit maître Alain; Jude Leker a été tué par les nôtres, je suis resté seul en face de ce Didier ou de ce Georges qui dormait comme une souche...

— Hé bien? saint Dieu! Hé bien...

— Au moment où j'allais faire l'affaire, j'ai vu une personne...

— Qui! interrompit encore Vaunoy en secouant à la briser l'épaule du vieillard, — saint Dieu! qui a pu t'empêcher?...

— Mademoiselle Alix de Vaunoy, votre fille, répondit le majordome.

— Ma fille! balbutia-t-il, — Alix!

Puis se redressant tout à coup :

— Tu mens! s'écria-t-il avec fureur; — tu mens ou tu te trompes... Ma fille est sur son lit... Mais, saint Dieu! dussé-je le frapper moi-même, je ne perdrai pas cette occasion, achetée au péril de ma vie!

Il écarta violemment le vieil Alain, qui

resta collé à la muraille de la galerie , et s'élança vers la chambre de Didier.

Il y avait cinq minutes à peu près qu'Alix et Fleur-des-Genêts l'avaient quittée. Le flambeau de mademoiselle de Vaunoy brûlait encore sur la table.

Hervé, dont la cauteleuse et prudente nature était en ce moment exaltée jusqu'au transport, enjamba les trois cadavres, et se précipita sur le lit. Le lit était vide.

— Echappé! murmura Vaunoy d'une voix étranglée; — et ma fille est venue!

Il arracha follement les draps du lit et les foula aux pieds dans sa délirante fureur. Puis il s'élança, tête baissée, vers la porte.

Mais il ne passa point le seuil. Un bras de fer le saisit et le repoussa au dedans avec une irrésistible vigueur. Vaunoy releva la tête et vit, debout devant lui, cet étrange personnage masqué de blanc qui fermait la marche des Loups dans la forêt, et dont le malheureux Jude avait admiré la merveilleuse souplesse.

Vaunoy voulut parler, le Loup blanc lui ferma la bouche d'un geste impérieux, et s'avança dans la chambre à pas lents.

— Toujours du sang là où tu passes, monsieur de Vaunoy! dit-il d'une voix basse et menaçante.

Il prit le flambeau et examina successivement les trois cadavres. Lorsqu'il reconnut Jude, un douloureux tressaillement agita les muscles de son visage, sous la blanche fourrure qui le recouvrait.

— Il avait promis de le défendre, murmura-t-il; — c'était un Breton.

Puis il ajouta d'un ton lent et mélancolique :

— Il n'y a plus que moi pour servir Treml vivant, ou chérir le souvenir de Treml mort.

— Saint Dieu! dit à ce moment Vaunoy qui avait réussi à recouvrer quelque calme; — je vous ai donné ce soir cinq cent mille livres en beaux écus, c'est bien le moins que vous me laissiez vaquer à mes affaires... livrez-moi passage, s'il vous plaît, mon compagnon.

Le Loup blanc secoua sa préoccupation et regarda Hervé en face, à travers les trous de son masque. Puis il se tourna vers la porte ouverte et fit un signe. Cinq ou six hommes armés se précipitèrent dans la chambre.

— A la Fosse ! dit le Loup Blanc.

Vaunoy se sentit enlever de terre et une large main s'appuya sur sa bouche pour l'empêcher de crier.

Quelques minutes après, étendu sur un brancard, que portaient quatre hommes, au nombre desquels il crut reconnaître deux de ses propres valets, Yvon et Corentin, masqués de fourrures, Vaunoy faisait route vers la Fosse-aux-Loups.

LA CHAMBRETTE.

XXXII

Fleur-des-Genêts soutenait de son mieux le capitaine endormi sur la selle. Elle ne voulait point s'avouer à elle-même que la fatigue l'accablait, mais elle n'était qu'une jeune fille, et ses forces défaillaient rapidement.

Par bonheur, si violent que fût le narcotique administré par maître Alain, son effet ne put résister longtemps au mouvement du cheval. Au bout de quelques minutes, les membres de Didier se raidirent et son corps entier éprouva de légères convulsions.

— Mon Didier! s'écria joyeusement Marie, éveille-toi! je t'ai sauvé.

C'était une de ces rares nuits où l'automne breton déride son sévère aspect et oublie d'agrafer son éternel manteau de brouillards. La lune pendait, brillante, au centre d'un ciel limpide. Une fraîche brise courait entre les troncs centenaires de l'avenue, et venait à l'odorat tout imprégnée des âpres parfums de la glandée. Les hautes cîmes des chênes se balançaient avec lenteur et harmonie, secouant çà et là sur les bruyères leurs couronnes humides de rosée.

Certes on pourrait difficilement se figurer un réveil à la fois plus fantastique et plus délicieux que celui qui attendait Didier. Pendant quelques secondes, le jeune capitaine crut poursuivre un rêve étrange. Il se sentait emporter par le galop d'un cheval, et entendait vaguement à son oreille les sons d'une voix aimée. Ses yeux voulaient s'ouvrir; mais il les tenait obstinément fermés pour garder son illusion.

Mais la brise de la forêt arrivait de plus en plus froide à son front, et chassait les dernières brumes de l'opium. Il souleva enfin sa paupière alourdie, et aperçut le charmant visage de Fleur-des-Genêts penché sur le sien, et si proche que les blonds cheveux de la jeune fille caressaient doucement sa joue.

Il porta les mains à ses yeux, étonné de la persistance de ce songe bizarre. Fleur-des-Genêts écarta sa main en se jouant, et il fut forcé de la voir encore.

— Est-ce donc bien toi ? murmura-t il en se redressant sur la selle par instinct de cavalier ; — toi, ici, à cheval, à cette heure... avec moi ?

La voix du capitaine exprimait une stupéfaction si profonde que Marie ne put retenir un sourire.

— C'est bien moi, dit-elle; je t'expliquerai ce mystère... N'éprouves-tu point quelque souffrance, Didier?

Elle ne répéta point ce mot qu'un premier mouvement de triomphe lui avait arraché : je t'ai sauvé. Ce sens si sûr, ce tact si exquis, que la nature donne aux filles de la solitude, comme aux grandes coquettes de nos villes, lui enseignait la discrétion; elle devinait ce que pour un soldat le péril a d'attrait, le devoir de puissance, et n'avait garde de révéler, en ce moment, ce qui venait de se passer au château.

Didier aspirait fortement l'air de la nuit. La fraîcheur vivifiante de l'atmosphère et la force de sa constitution combattaient le malaise que laissait à tous ses membres l'énervante action du narcotique. Néanmoins il souffrait; son crâne pesait à son cerveau comme un casque de plomb.

— Allons! dit-il en essayant de secouer la torpeur pénible où il restait plongé en dépit de lui-même; — ceci m'a tout l'air d'un enlèvement; mais je n'y joue pas le rôle ordinaire des officiers de sa majesté... Mettons pied à terre, Marie... Je ne sais... j'ai besoin de repos.

Ils avaient passé les derniers arbres de l'avenue, et le dôme de la forêt était sur leurs têtes. Marie se laissa glisser de la croupe du cheval et toucha le gazon.

— A merveille! murmura Didier; c'est toi qui me sers d'écuyer... Mais où donc ai-je mis mon esprit et ma force?... Soutiens-moi.

Il fit quelques pas en chancelant et s'affaissa au pied d'un arbre où il s'endormit aussitôt. Marie attira le cheval dans le taillis, mit la tête de Didier sur ses genoux et demeura immobile. Il était sauvé; elle était heureuse, et veillait avec délices sur son sommeil.

Un quart d'heure à peine s'était écoulé, lorsqu'elle entendit un bruit de pas dans le sentier. Elle retint son souffle et vit d'abord quatre hommes dont chacun portait le bras d'une civière, où un cinquième individu était étendu garotté. Ces quatre hommes marchaient en silence. Ils passèrent.

Puis un sourd fracas retentit dans la direction de la Tremlays, augmentant sans cesse et approchant avec rapidité. Marie, effrayée, traîna le capitaine au plus épais des buissons. Presqu'au même instant, la cohue des Loups envahit le sentier.

Ils n'allaient plus en silence et tâchant d'étouffer le bruit de leurs pas, comme lorsque le pauvre Jude les avait rencontrés quelques heures auparavant. C'était un désordre, une joie, un vacarme délirans. Ils couraient, chantant ou devisant bruyamment. Sur leurs épaules sonnaient gaîment de gros sacs de toiles tout pleins des pièces de six livres de M. l'intendant royal. La prise était bonne ; la nuit s'était passée en pillage et en orgie : c'était fête complète pour les bonnes gens de la forêt.

Nous ne prenons point mission d'excuser le pillage, fussent les coupables nos excellens amis les Loups; néanmoins, à ceux qui jetteraient à ces pauvres paysans un mépris trop entier ou un blâme trop sévère, nous poserions une simple question : — Avez-vous lu, leur demanderions-nous, les récens débats du comité *vinicole* (ce mot est burlesque, mais à la mode)? Avez-vous entendu parler de ces hardies et fortes filles de Rebecca qui se font justice sommaire toutes les nuits dans le pays de Galles! — Les Rebeccaïtes ressemblent un peu à nos Loups; les *vinicoles* voudraient fort ressembler aux Rebeccaïtes. Il n'y a entre toutes ces choses que des différences de temps, de mœurs et d'audace. Partout où la force légale opprimera le faible, il y aura réaction nécessaire, sinon légitime. La réaction se traduira en bavardages si les opprimés sont journalistes, Gascons ou députés; en violentes représailles, s'ils sont braves et trop pauvres pour attendre, un demi-siècle durant, la tardive justice du pouvoir.

Quoi qu'il en soit, à raison ou à tort, les Loups étaient ivres et contens d'eux-mêmes autant que s'ils eussent fait œuvre pie. L'argent qu'ils emportaient doublait de prix à leurs yeux, pour avoir été volé au fisc, leur mortel ennemi, et nous pouvons affirmer qu'aucun remords ne troublait leur conscience.

Fleur-des-Genêts tremblait. Dans cette course folle, un soubresaut pouvait jeter quelqu'un des Loups hors de la route et lui faire découvrir le capitaine endormi ; or, d'après la conversation qu'elle avait entendue dans la loge entre Pelo Rouan et Yaumi, l'envoyé des Loups, elle devait croire que ces derniers en voulaient à la vie de Didier.

Tous passèrent cependant sans encombre.

A la suite de la cohue, marchait encore ce personnage bizarre qu'on nommait le Loup-Blanc dans la forêt. Loin de partager la joie de ses compagnons, il semblait triste, et courbait son visage masqué de blanc sur sa poitrine.

Lorsqu'il passa devant Fleur-des-Genêts,

la jeune fille tressaillit et tendit le cou en avant.

— Serait-ce lui?... murmura-t-elle avec émotion et frayeur.

Le Loup-Blanc disparut comme ses louveteaux derrière un coude de la route. Tout rentra bientôt dans le silence, et l'on n'entendit plus que la mystérieuse et fugitive harmonie qui descend, par une belle nuit, de la cîme balancée des grands arbres d'une forêt.

Les heures s'écoulèrent. Ce fut seulement lorsque la brise, plus piquante, annonça le prochain lever du jour, que Didier vainquit sa léthargie. Il était perclus et glacé. Ses membres raidis refusaient de se mouvoir.

En s'éveillant, il s'étonna comme la première fois, et fit questions sur questions.

— Tu es avec moi, répondit Marie; — voudrais-tu être ailleurs?... Viens... J'ai une chambrette bien close dans la loge de mon père. Je veux t'y donner asile.

— Mais pourquoi ne pas aller au château? demanda Didier. — Il y a en tout ceci un singulier mystère que je m'efforce en vain de comprendre... Mes idées sont confuses... Je me souviens vaguement qu'un irrésistible sommeil s'est emparé de moi hier à la table de M. de Vaunoy... Que s'est-il passé, Marie? je veux le savoir.

— Tu sauras tout, répondit Fleur-des-

Genêts en souriant; — mais tes membres sont glacés, mon beau capitaine... Je ne veux pas te voir trembler ainsi; cela me donne froid jusqu'au fond du cœur... Viens, te dis-je. Je te coucherai dans mon lit et je veillerai sur toi.

— Veiller sur moi! répéta Didier.

— Comme on veille au chevet de ceux qu'on aime, s'empressa d'ajouter Marie; — comme une mère veille auprès de son enfant. Mais, viens donc!

Elle entraîna Didier qui, vaincu par son engourdissement morbide, n'avait plus ni volonté ni force. Tous deux se mirent en selle et le cheval galopa dans la direction du carrefour de Mi-Forêt. A une centaine de pas de la loge, Marie mit pied à terre.

— Reste-là, dit-elle à voix basse; il ne faut pas que mon père te voie.

Elle s'avança doucement vers la loge. La porte était ouverte.

— Mon père! dit Fleur-des-Genêts en alongeant sa jolie tête à l'intérieur.

Personne ne répondit.

— Il n'est pas là! pensa la jeune fille avec joie. — Dieu soit loué! Didier aura un abri!

Elle s'élança à la rencontre du capitaine qu'elle prit par la main. Tous deux gagnèrent la loge.

— Chut! murmura Marie; — marche doucement...

Ils franchirent la sombre salle basse où nous avons assisté à l'entrevue de Jude et de Pelo Rouan, puis Marie ouvrit la porte de sa chambre et poussa Didier à l'intérieur.

— Maintenant, dit-elle en fermant la porte en dedans, nous sommes en sûreté!... Tu es sous ma garde, et jamais mon père ne vient ici.

Fleur-des-Genêts n'avait pas aperçu, en traversant la loge, deux yeux rouges et flamboyans briller derrière le tas de paille qui servait de couche à Pelo Rouan. Tandis qu'elle passait, ces yeux rayonnèrent un plus sanglant éclat. Quand elle fut passée, ils changèrent brusquement de position et s'élevèrent de plusieurs pieds.

C'est que Pelo Rouan, qui était étendu sur la paille, venait de se dresser sur ses genoux.

— Je remercie Dieu, murmura-t-il avec haine, de m'avoir donné des prunelles de bête fauve, des yeux qui voient dans la nuit... Je l'ai bien reconnu, le Français maudit!... Il est là!... Marie!... pauvre fille!

Ces derniers mots furent prononcés d'un ton de tendresse profonde et de paternelle pitié, — ce qui n'empêcha point Pelo Rouan de décrocher le vieux mousquet suspendu au mur et d'y couler deux balles sur une copieuse charge de poudre

Cela fait, il visita soigneusement la batterie, sortit au dehors, et grimpa sans bruit aucun et presque sans efforts apparens, le long du tronc droit et lisse d'un bouleau, planté devant la fenêtre de Marie et dont les branches passaient par-dessus la loge.

Il s'assit sur l'une de ces branches, de telle façon que, caché par le tronc, il pouvait plonger son regard dans l'intérieur de la chambre de Marie.

En ce moment la fenêtre était fermée. Pelo Rouan attendit immobile.

Une demi-heure après, le ciel, à l'orient, prit une teinte rosée; les ténèbres s'éclaircirent peu à peu et les oiseaux se prirent à chanter leur joyeuse chanson dans le feuillage.

Fleur-des-Genêts vint ouvrir sa fenêtre,

L'ame de Pelo Rouan passa dans ses yeux.

Avant de rentrer dans l'intérieur de sa chambrette, Marie fit ce qu'elle faisait chaque matin. Elle s'agenouilla, joignit ses petites mains blanches sur l'appui de la croisée et dit sa prière à Notre-Dame de Mi-Forêt.

Ensuite elle revint auprès du lit en chantant un couplet de la romance d'Arthur, et présenta un vase plein de lait au capitaine.

La chambrette de Fleur-des-Genêts était une sorte de petit nid, tout frais et tout gracieux, pris sur la largeur de la sombre pièce où couchait le charbonnier. Les murs étaient blancs et parsemés de bouquets de fumeterre, jolie fleur qui, suivant l'antique croyance des hommes de la forêt, a la propriété de chasser la fièvre. Vis-à-vis de la fenêtre un petit lit de chêne noir, sans pieds ni rideaux, donnait à la cellule un aspect de virginale austérité. Au-dessus du lit il y avait un pieux trophée, formé d'un bénitier de verre, d'une statuette de Notre-Dame et d'une branche de laurier-fleur, bénite le saint dimanche des rameaux, à la paroisse de Liffré.

Le reste du mobilier se composait d'une chaise et d'une demi-douzaine de paniers de chèvrefeuille, affectant diverses formes et que Fleur-des-Genêts avait appropriés à ses besoins, de manière à remplacer cartons, armoires et commodes.

Didier était couché dans le lit, Marie s'approcha sans crainte ni honte, et se remit à genoux. Elle ignorait le mal et restait au-dessus de la pudeur, cette vertu que n'avait point la première femme lorsqu'elle sortit immaculée et presque divine des mains du Créateur.

Didier la contemplait avec tendresse et respect. Tous deux se souriaient et goûtaient silencieusement ce bonheur infini des jeunes amours, que les poètes sentent et qu'ils ne savent pas peindre, parce que l'homme n'a point pris souci d'inventer des mots pour de si rares et fugitives félicités.

Le jour venait. Jusqu'alors Pelo Rouan n'avait rien pu distinguer dans la chambrette. Il aperçut enfin les lignes mâles du profil de Didier se détachant sur l'oreiller blanc. Il eut un tressaillement de rage et serra convulsivement son mousquet.

— Qu'on est bien ainsi! murmura Marie avec recueillement.

Didier prit sa blonde tête à deux mains, et attira le front de la jeune fille jusqu'à sa lèvre. — Pelo Rouan entendit le bruit d'un baiser.

Il arma son mousquet.

— Qu'est cela? dit tout à coup Marie, en s'emparant de la médaille que mademoiselle de Vaunoy avait passée au cou du capitaine.

Didier prit la médaille, et ses traits exprimèrent un léger étonnement.

— Ce que c'est? répondit-il avec lenteur; — ce sont mes titres et parchemins, Marie. C'est, — je l'ai toujours pensé, — le signe qu'une pauvre femme, ma mère mit à mon cou en m'exposant à la charité des passans... Mais ne parlons pas de cela, ma fille... Je croyais l'avoir perdue; je la cherchais en vain depuis un an... Il y a de la magie dans ce qui s'est passé cette nuit!

Marie regardait toujours la médaille.

— C'est étrange! dit-elle enfin; — j'en ai une toute pareille.

Elle enleva rapidement le cordon qui retenait la médaille au cou de Didier, et, tirant en même temps la sienne de son sein, elle s'élança vers la croisée afin de comparer.

Pelo Rouan, qui depuis cinq minutes guettait le moment où Marie cesserait de se trouver entre lui et le capitaine, poussa un soupir de soulagement et mit en joue.

— Elles sont pareilles! s'écria Marie avec une joie d'enfant; — toutes pareilles !

Pelo Rouan tenait la poitrine du capitaine au bout de son mousquet; il allait tirer. Le cri de Marie détourna son attention, et son regard tomba involontairement sur les deux médailles.

Il jeta son fusil, qui de branche en branche dégringola bruyamment jusqu'à terre; une exclamation de surprise s'échappa de ses lèvres. Marie leva la tête, aperçut son père et demeura terrifiée.

Par un premier mouvement tout instinctif, elle voulut se rejeter en arrière et fermer la croisée, mais Pelo Rouan l'arrêta d'un geste impérieux et mit un doigt sur sa bouche pour lui recommander le silence.

Didier avait fermé les yeux et donné son esprit à quelque douce rêverie d'amant heureux.

Pelo Rouan se laissa glisser le long de l'une des branches du bouleau et atteignit la toiture de chaume de la loge d'où il s'élança sur l'appui de la croisée. — Marie n'osait bouger et le capitaine ne voyait rien. — Pelo prit les deux médailles et mit une grande attention à les examiner. Puis il écarta sa fille afin de s'avancer vers le lit.

— Ne le tuez pas, mon père! oh! ne le tuez pas! s'écria Marie en pleurant.

Didier se dressa d'un bond sur son séant à ce cri; mais Pelo Rouan l'avait prévenu et faisait peser déjà sa lourde main sur l'épaule nue du capitaine.

— Mon père! mon père, cria encore Marie avec désespoir.

— Chut! dit le charbonnier à voix basse.

Durant plusieurs minutes il contempla

le capitaine en silence. Pendant qu'il le regardait, une émotion extraordinaire et croissante se peignait sur ses traits noircis; deux larmes contenues jaillirent enfin de ses yeux. Il se laissa tomber à genoux et baisa la main de Didier avec un respect plein d'amour.

— Que veut dire cela, mon brave homme? demanda le capitaine étonné.

— Sa voix aussi! murmura Pelo Rouan, plongé dans une sorte d'extase; — sa voix comme ses traits... et je ne l'avais pas reconnu!

Didier le crut fou. Fleur-des-Genêts pensa rêver.

— Je comprends maintenant, reprit Pelo

se parlant toujours à lui-même ; — je comprends pourquoi Vaunoy voulait l'assassiner... Et moi qui le laissais faire !... Qui donc l'a sauvé à ma place?

— Moi, prononça faiblement Marie.

— Toi, répéta Pelo Rouan, qui serra la jeune fille sur son cœur avec exaltation ; — toi, enfant? Merci! merci du fond du cœur!... Tu as fait tout ce que j'aurais dû faire... Tu l'as aimé, lorsque moi je le haïssais aveuglément... tu l'as deviné, lorsque je le méconnaissais... tu lui as donné ta couche, et moi, je voulais le tuer!... Pardon, ajouta-t-il en revenant vers Didier qui restait ébahi et n'avait garde de comprendre ; — pardon, notre jeune monsieur Georges...

— Georges?... balbutia le capitaine; vous vous trompez.

— Non! non! je ne me trompe pas... Cette médaille que la Providence me fait retrouver, c'est moi qui la mis à votre cou, il y a vingt ans, par une nuit terrible où Vaunoy tenta encore de vous assassiner... car il y a bien longtemps qu'il vous poursuit, notre jeune monsieur... Et moi qui avais peur... grand'peur!... lorsque je vous voyais errer sous le couvert, tout seul avec Marie! Comme si un Treml pouvait tromper une pauvre fille! comme si tout ce qu'il y a de bon, de noble, de généreux, de loyal, ne se trouvait pas toujours réuni à coup sûr dans le cœur d'un Treml!

— Mais, voulut encore objecter Didier

qui restait incrédule ; — dans tout ce que vous venez de dire, je ne vois point de preuve.

— Point de preuve !... Votre œil n'est-il pas celui du vieux Nicolas Treml, — un saint vieillard dont l'âme est chez le bon Dieu ? — Votre voix, votre âge, la médaille, la haine de Vaunoy, qui vous a volé votre immense héritage... Ecoutez ! ajouta tout à coup le charbonnier en se dressant sur ses pieds : — Vous aviez près de six ans alors, et Dieu m'a donné un visage qu'on ne peut oublier quand on l'a vu une fois...

— Je ne vous reconnais pas, interrompit Didier.

Pelo Rouan s'élança hors de la chambre.

On entendit dans la pièce voisine un bruit d'eau agitée et ruisselant sur le sol; puis il se fit un silence; puis encore un homme de grande taille, vêtu de peaux de lapins blancs et dont la face blafarde était mouillée comme s'il se fût abondamment aspergé, s'élança dans la chambre et atteignit d'un bond le lit où Didier était toujours étendu.

A la vue de cet homme dont les cheveux blancs tombaient épars sur les épaules, Didier éprouva une commotion étrange. Il passa la main sur son front à plusieurs reprises comme pour saisir un souvenir rebelle...

L'homme était là, devant lui, immobile, en proie à une visible et violente anxiété.

Enfin Didier parut voir clair en sa mémoire. Une rougeur épaisse couvrit sa joue, et sa bouche s'ouvrit presque involontairement pour prononcer ce nom :

— Jean Blanc!

Pelo Rouan frappa ses mains l'une contre l'autre avec une joie délirante :

— Il se souvient de mon nom! s'écria-t-il les larmes aux yeux; — de mon vrai nom! Pauvre petit monsieur!... Il se souvient de moi!

— Oui, dit le capitaine; — je me souviens de vous... et de bien d'autres choses encore... Un monde de souvenirs envahit mon cerveau... Je ne me trompais pas, hier, lorsque j'ai cru reconnaître les tentures de cette chambre...

— C'était la vôtre autrefois... Oh! que Dieu soit béni pour n'avoir point permis que le vaillant tronc perdît jusqu'à sa dernière branche! Que Dieu et Notre-Dame soient bénis pour la joie qui déborde de mon pauvre cœur!

Il se fit un instant de silence. Le capitaine se recueillait en ses souvenirs. Fleur-des-Genêts riait, pleurait et remerciait Notre-Dame-de-Mi-Forêt. Pelo Rouan ou Jean Blanc, penché sur la main de son jeune maître, savourait l'allégresse infinie qui emplissait son ame.

Au bout de quelques minutes, Jean

Blanc se redressa. Ses sourcils étaient légèrement froncés et tous ses traits exprimaient une grave résolution.

— Et maintenant, dit-il, Georges Treml, vous êtes Breton et noble; il vous faut regagner l'héritage de votre père tout entier: noblesse et fortune!

Jean Blanc n'eut pas besoin de donner de longues explications à son jeune maître, qui savait en grande partie son histoire, l'ayant entendue de la bouche du pauvre écuyer Jude, sans se douter qu'il pût y avoir le moindre rapport entre lui, Didier, officier de fortune, et Georges Treml, le représentant d'une famille puissante.

Les circonstances, dit-on, font les hommes. Ce proverbe est vrai en un sens et nous semble fort à la louange de l'humanité. Qui peut nier qu'un fils de grande maison, dépouillé par une fraude infâme, et patron naturel de toute une population souffrante, ne doive autrement se comporter qu'un soldat sans souci, n'ayant ici-bas d'autre mission que de se bien battre toujours et de se divertir à l'occasion? Didier, en devenant Georges Treml, se sentit naître au cœur une gravité inconnue. Il comprit ce qu'exigeaient de lui son nom et la mémoire de ses pères. De brave qu'il était, il devint fort.

— Je vais me rendre à la Tremlays, dit-il; j'aurai raison de M. de Vaunoy.

— Je l'espère, répondit Jean Blanc avec

un sourire dont le capitaine ne put saisir la signification ; — allez à la Tremlays, monsieur Georges, et attendez-y M. de Vaunoy.

Avant de se séparer de Jean Blanc, le capitaine lui serra la main.

— Ce doit être, en effet, une noble race que celle de Treml, dit-il, — et je suis fier d'avoir un peu de ce bon sang dans les veines. Ce n'est pas une famille vulgaire qui peut avoir des serviteurs tels que vous... Jean Blanc, je vous remercie.

— Jude a fait mieux que moi, répondit l'albinos avec modestie ; Jude est mort pour vous, le bon garçon... Il méritait cela, monsieur Georges : il vous aimait tant.

— Pauvre Jude! murmura Didier; — c'était un cœur fidèle et pur...

— C'était un Breton! interrompit Jean Blanc. — A propos, notre monsieur, il faudra oublier que vous avez porté l'uniforme de France... Les os de votre aïeul blanchissent là-bas et s'élèveraient contre vous si votre épée restait au roi de Paris.

Le capitaine ne répondit point. Il boucla son ceinturon, remit son feutre et se disposa à partir. Sur le seuil était Marie qui s'appuyait au mur et avait perdu son joyeux sourire.

Une triste pensée était venue parmi son allégresse. Elle s'était demandé ce que pouvait être la fille du charbonnier pour l'héritier de Treml.

En passant auprès d'elle le capitaine la pressa sur son cœur.

— Jean, mon ami, dit-il en souriant, vous auriez eu grand tort de me tuer, car, moi qui ai traité autrefois plus d'une noble dame en fillette, j'ai traité Marie en noble dame... et, si Dieu me donne vie, il faudra désormais que tout le monde la traite ainsi.

Marie redevint joyeuse. Le capitaine partit. Pelo Rouan s'approcha de sa fille et la baisa au front.

— Enfant, dit-il d'une voix grave et triste, tu es ma seule joie en ce monde et je t'aime comme le souvenir de ta mère... Mais il ne faut pas espérer. Treml ne se mésallia jamais, et tant que je vivrai, ma fille ne sera point sa femme.

Fleur-des-Genêts pâlit et pencha sa blonde tête sur son sein.

— Il faudra donc mourir ? murmura-t-elle.

— Dieu te fera la grâce de l'oublier, répondit Pelo Rouan, et d'ailleurs notre vie est à Treml.

Il remit son costume de charbonnier, et, baisant une dernière fois la joue décolorée de Marie, il quitta la loge à son tour.

Marie s'agenouilla devant l'image de Notre-Dame ; puis, vaincue par ses larmes et les fatigues de la nuit, elle s'endormit.

LE TRIBUNAL DES LOUPS.

XXXIII.

Deux heures après, les souterrains de la Fosse-aux-Loups présentaient un aspect étrange, presque solennel.

Ce n'était plus ce désordre que nous avons trouvé la première fois que nous avons pénétré dans la caverne : les Loups, rangés avec méthode, masqués et armés comme pour un combat, formaient cercle debout, autour de la table des vieillards. Ceux-ci étaient sans armes et flanquaient, quatre d'un côté, quatre de l'autre, un siége élevé de deux gradins au-dessus des leurs, où trônait le Loup blanc.

Un profond silence régnait dans le souterrain.

Au bout de quelques minutes les rangs s'ouvrirent et donnèrent passage à un homme pâle et tremblant, dont le visage exprimait une mortelle terreur. Cet homme était Hervé de Vaunoy. Deux Loups l'escortèrent jusqu'à la table où siégeaient les huit vieillards, présidés par le roi des Loups, — le Loup blanc.

— Maître, dit l'un des vieillards en s'adressant respectueusement à ce dernier, — il a été fait suivant votre volonté. Voici l'assassin au pied de notre tribunal. Vous plaît-il qu'on l'interroge?

— Cela me plaît, répondit le Loup blanc.

Le père Toussaint se leva.

— Hervé de Vaunoy, dit-il, vingt de nos frères sont morts par ton fait; leur sang pèse sur toi, et tu vas mourir si tu ne peux nous prouver ton innocence.

— Nous avions fait un pacte, balbutia Vaunoy ; j'ai rempli mes engagemens; vous avez les cinq cent mille livres... Pourquoi ne tenez-vous pas votre parole?

— Notre parole n'est rien, répondit le père Toussaint ; celle du maître est tout, et tu n'avais pas la parole du maître... Défends-toi autrement, et dépêche! — Yaumi, ajouta le vieux Loup sans s'émouvoir le moins du monde, — prépare une corde, mon petit.

Une sueur glacée inondait le visage de Vaunoy.

— Mes bons amis, s'écria-t-il, ayez pitié de moi!... On m'a calomnié près de vous ; j'ai toujours aimé tendrement mes pauvres vassaux de la forêt... A l'avenir, je ferai pour eux davantage encore ; je...

— Tais-toi! interrompit la voix sévère du Loup blanc, tu mens!

— La corde est-elle prête, Yaumi? demanda le père Toussaint avec une très-grande bonhommie.

Yaumi répondit affirmativement, et Vaunoy, tournant les yeux de son côté, vit en effet une corde se balancer dans les demi-ténèbres qui régnaient derrière les rangs serrés des Loups. Tout son corps trembla convulsivement.

— Misérables! râla-t-il avec la rage que donne la frayeur portée à l'excès; — de quel droit me jugez-vous, moi, gentilhomme et votre maître?... Je serai vengé; votre repaire sera détruit; vous serez...! Mais non, mes excellens amis, ma tête s'égare! miséricorde, miséricorde au nom de Dieu!.. Je ne vous ai jamais fait de mal... On vous a menti... Si vous aviez pu voir de près ma conduite...

— C'est justement là ce qui te perd, dit le vieux Toussaint. Pour ton malheur, nous ne te connaissons que trop.

— Vous vous trompez, reprit Vaunoy ; sur mon salut vous méconnaissez mes sentimens pour vous. Si vous pouviez interroger M. de Béchameil... ou mon majordome... ou mes gens... Un sursis, mes amis! accordez-moi un sursis, afin que je puisse me justifier !

— Tu veux qu'on interroge tes gens? demanda ironiquement Toussaint.

— Je le veux ! s'écria Vaunoy, se reprenant à cette frêle espérance et désirant d'ailleurs gagner du temps ; — tous, ils vous diront ma tendre sollicitude pour les gens de la forêt...

— Soit! interrompit le père Toussaint. On ne peut te refuser cela.

Vaunoy respira.

— Approchez! reprit Toussaint en s'adressant aux deux Loups qui étaient à droite et à gauche de Vaunoy.

Les deux Loups s'ébranlèrent, et, sur un signe du vieillard, firent tomber leurs masques de fourrures. Vaunoy poussa un cri d'agonie.

— Yvon! murmura-t-il ensuite; — Corentin!

— Eh bien! reprit encore Toussaint, — tes gens vont nous dire la tendre sollicitude...

— Miséricorde! interrompit Vaunoy en tombant à genoux.

Le tribunal se consulta durant une minute. Le Loup blanc ne prit point part à la délibération.

— Hervé de Vaunoy, dit ensuite le vieux Toussaint avec lenteur; — les Loups te condamnent à mourir par la corde, et tu vas être pendu, — sauf avis autre et meilleur du maître.

Le Loup blanc se leva.

— C'est bien, dit-il. Que Yaumi reste

auprès de la corde... Vous autres, retirez-vous.

Cet ordre s'exécuta comme par enchantement. La caverne s'illumina au loin, laissant voir d'immenses galeries souterraines et d'interminables voûtes. Les Loups s'éloignèrent de divers côtés, et bientôt leurs torches parurent comme des points lumineux, tandis qu'eux-mêmes, amoindris par la perspective et bizarrement éclairés au milieu de la nuit, semblaient des êtres de forme humaine, mais d'une fantastique petitesse, — des lutins, par exemple, ou de ces étranges démons qui mènent le bal au clair de la lune, sur la lande, autour des croix solitaires, et que les bonnes gens du pays de Rennes apprennent à redouter dès l'enfance sous le nom de *chats courtauds*.

Vaunoy était toujours à genoux. Le Loup blanc descendit les marches de son trône et s'approcha de lui.

— Lève-toi, dit-il en le touchant du pied.

Vaunoy se leva.

— Tu es un homme mort, reprit le Loup blanc, si je ne mets mon autorité souveraine entre toi et la potence.

— A quel prix faut-il acheter la vie?

— La vie? répéta le Loup avec une expression étrange; — à aucun prix je ne te vendrai la vie, Hervé de Vaunoy, assassin de mon père et de ma femme...

— Moi!... moi!... mais je ne vous connais pas!

Le Loup blanc souleva son masque.

— Vous! s'écria Vaunoy stupéfait; Jean Blanc!...

— Tu me croyais depuis longtemps en terre, n'est-ce pas? demanda le roi des Loups; — tu ne t'attendais point à rencontrer dans l'homme fort et puissant le vermisseau que ton pied écrasa si impitoyablement autrefois... Dieu m'a tenu en sa garde, non point pour moi, je pense, mais pour le fils de Treml, race de chevaliers et de chrétiens!

— Le fils des Treml! répéta Vaunoy

dont la terreur se nuança d'un peu de curiosité.

— Encore un que tu as voulu assassiner... par deux fois !

Vaunoy pensa que le roi des Loups en oubliait une.

— Par deux fois ! reprit Jean Blanc. — Insensé ! tu ne savais pas que cet enfant était ton bouclier ! Tu ne savais pas que, lui mort, il n'y aurait plus rien entre ta poitrine déloyale et le plomb du vieux mousquet de mon père !... Que de fois je t'ai tenu en joue sous le couvert, Hervé de Vaunoy !

Celui-ci frissonna.

— Que de fois, lorsque tu passais par

les grandes allées de la forêt, seul ou avec des valets impuissans à te protéger contre une balle bien dirigée, j'ai appuyé mon fusil contre mon épaule et mis le point de mire sur toi..... mais une voix secrète me retenait toujours. Je pensais que j'aurais besoin de toi pour le petit monsieur Georges, et je t'épargnais. — J'ai bien fait d'agir ainsi. Louée soit Notre-Dame! Le moment est venu où ta vie et ton témoignage deviennent nécessaires au légitime héritier de Treml.

— Savez-vous donc où il est? demanda Vaunoy à voix basse.

— Il est chez lui, dans la maison de son père, au château de la Tremlays.

— Ah!... fit Vaunoy qui devint pensif.

— Oui, reprit le Loup blanc; mais, cette fois, tu ne l'assassineras pas... Abrégeons. Veux-tu sortir d'ici sain et sauf?

— A tout prix! répondit Hervé qui, par extraordinaire, disait là sa pensée entière.

— Expliquons-nous... Je ne te rends pas la vie. Tu restes à moi, pour le sang de mon père, pour l'honneur et le sang de ma femme. Seulement je te donne un répit et une chance de m'échapper. Pour cela, voici ce que je te demande.

Jean Blanc montra du doigt un coin de

la table où se trouvait ce qu'il faut pour écrire, et reprit :

— Je vais dicter, écris :

« Moi, Hervé de Vaunoy, je déclare reconnaître, dans la personne du sieur Didier, capitaine au service de S. M. le roi de France et de Navarre, Georges, petit-fils et légitime héritier de Nicolas Treml de la Tremlays, seigneur du Boüexis-en-Forêt, feu mon vénéré parent ; en foi de quoi, je signe. »

Vaunoy n'hésita pas un instant. Il écrivit et signa couramment sans omettre une seule syllabe.

— Et maintenant, dit-il, suis-je libre ?

Jean Blanc épela laborieusement la déclaration et la mit dans son sein.

— Tu es libre, répondit-il ; mais songes-y et prends garde ! Désormais, je n'ai plus besoin de toi. Cache bien ta poitrine, qui n'est plus protégée contre ma vengeance. Va-t'en !

Vaunoy ne se le fit point répéter. Il se dirigea au hasard vers l'un des centres de la lumière.

— Pas par-là ! dit Jean Blanc. Yaumi, bande les yeux de cet homme, et conduis-le au-delà du ravin..... Encore un mot, M. de Vaunoy ; vous allez trouver à la Tremlays Georges Treml, le fils de votre bienfaiteur, le chef de votre famille ; si tant est que vous ayez dans les veines une seule goutte de ce noble sang, — ce dont je doute... reconnaissez-le tout de suite, croyez-moi, et traitez-le comme il convient.

Vaunoy donna sa tête à Yaumi qui lui banda les yeux et le prit par le bras. Ils remontèrent ainsi tous deux les escaliers humides et glissans qui descendaient dans le souterrain. Puis Vaunoy sentit une bouffée d'air pur et aperçut une lueur rouge à travers son bandeau. Il respira avec délices et ne put retenir une joyeuse exclamation.

— Vous avez raison de vous réjouir, dit Yaumi. Je crois que le diable vous protége, car, où vous avez passé, un honnête homme eût laissé ses os... C'est égal. Vous l'avez échappé deux fois; à votre place je m'en tiendrais là.

— Tu es de bon conseil, mon garçon, répondit Vaunoy qui commençait à se remettre; — je ferai mieux; je vendrai mon château de la Tremlays; je vendrai mon manoir du Bouëxis-en-Forêt, et je m'en irai si loin que, je l'espère, je n'entendrai plus parler des Loups... Adieu!

Yaumi le suivit de l'œil tandis qu'il s'enfonçait hâtivement sous le fourré.

— Du diable si je n'aurais pas mieux fait de le laisser pendre la première fois qu'on a noué une corde à son intention, grommela-t-il; mais le maître a son idée et il est plus fin que nous.

Vaunoy traversa le fourré au pas de course et s'engagea, sans ralentir sa marche, sous les allées de la forêt. Il ne se retourna pas une seule fois durant toute la route, et bien souvent il eut un frisson de frayeur en voyant s'agiter les branches de quelque buisson.

Aucun accident ne lui arriva en chemin.

Lorsqu'il se trouva enfin entre la double rangée des beaux chênes de l'avenue de la Tremlays, il ôta son feutre et tamponna son front ruisselant de sueur en aspirant l'air à pleine poitrine.

— Saint Dieu! murmura-t-il, deux fois la corde au cou en quarante-huit heures, c'est une rude vie! .. Je le ferai comme je l'ai dit : je quitterai la Bretagne... Avec le prix du domaine de Treml, je serai partout un grand seigneur... Mais qui eût cru que ce misérable fou de Jean Blanc vécut encore? Saint Dieu! que je le tienne une fois en mon pouvoir, et il ne me mettra plus jamais en joue ni sous le couvert ni dans la plaine.

Il continua de marcher durant quelques minutes en silence, puis il s'arrêta tout-à-coup et un sourire de satisfaction entr'ouvrit ses minces lèvres.

— A tout prendre, dit-il, je m'en suis tiré à bon marché! ma déclaration pourra donner un nom à ce petit Georges Treml, si M. de Béchameil et le parlement ne trouvent pas moyen de rabattre ses prétentions, ce qui est fort à espérer, — mais, en tout cas, ce griffonnage ne peut m'enlever mon domaine. J'ai un acte de vente en bonne et due forme, Saint Dieu ! j'ai des amis au parlement, et une possession de vingt années est bien quelque chose... Certes, j'aimerais mieux M. le capitaine mort que vivant, mais puisque le hasard le protége, qu'il vive ; je m'en lave les mains et fais serment de ne lui jamais rendre un denier de son héritage...

M. de Vaunoy, tout en soutenant avec lui-même cet intéressant entretien, était arrivé à la porte du château. Il entra.

Jean Blanc, lui, après le départ de son prisonnier, demeura quelques instans plongé dans ses réflexions ; puis avec l'aide de Yaumi, qui était de retour, il se noircit le visage et reprit son costume de charbonnier.

Cela fait, il quitta le souterrain, descendit au fond du ravin et entra dans le creux du grand chêne. Il s'était muni d'un outil pour creuser la terre.

JEAN BLANC.

XXXIV

Lorsque Didier arriva au château de la Tremlays, Hervé de Vaunoy était absent. Le château gardait l'apparence d'une place prise d'assaut, et le jeune capitaine fut fort étonné d'apprendre ce qui s'était passé la nuit précédente.

Jean Blanc et Marie ne lui avaient raconté, en effet, que ce qui se rapportait immédiatement à lui; savoir, l'attaque nocturne, la mort de Jude et l'enlèvement de lui, Didier, effectué par les deux jeunes filles. Il ne savait rien du vol des cinq cent mille livres, presque rien de l'attaque des Loups.

La première personne qu'il rencontra sous le vestibule fut M. l'intendant royal. Le pauvre Béchameil avait perdu les roses éclatantes de son teint. Il était pâle, et sa physionomie abattue exprimait un profond chagrin. Ce fut lui qui raconta au capitaine les événemens de la nuit. Il s'en acquitta fort longuement et d'une voix lamentable.

— Il y a eu trahison, dit-il en finissant;

les sergens et les soldats de la maréchaussée ont été traîtreusement empêchés de faire leur devoir...; et cela me coûte cinq cent mille livres, monsieur.

— Il y a eu trahison en effet, répondit le capitaine; n'avez-vous nul soupçon?... Ne savez-vous quel peut être le coupable ?

Béchameil mit ses doigt dans sa tabatière d'écaille et regarda le capitaine en dessous.

— Des soupçons, répéta-t-il, je ne sais trop. J'ai perdu cinq cent mille livres, voilà ce qui est cruellement certain... Monsieur le capitaine, je donnerais six mois de ma vie pour vous voir possesseur d'un bon et opulent domaine...

— Pourquoi cela? demanda Didier étonné.

— Parce que j'ai perdu cinq cent mille livres, et que, pauvre comme vous êtes, le parlement ne pourrait que vous faire pendre ou décapiter... Soit dit, monsieur le capitaine, sans offense aucune et avec toute la considération qui est due à votre titre d'officier du roi.

— Oserait-on m'accuser! s'écria Didier.

— Qui donc? répondit Béchameil avec mélancolie ; — qui donc prendrait ce soin, monsieur, si ce n'est moi? Je suis seul victime et ne me plains point... parce qu'il vous faudrait bien longtemps, monsieur le capitaine, pour me solder mes cinq cent mille livres avec les émolumens de votre grade.

Didier était dans l'un de ces instans où le cœur est, pour ainsi dire, inaccessible à la colère. Sa vie venait de subir une crise trop grave pour qu'il songeât à dépenser son courroux contre un personnage comme M. de Béchameil. Au contraire, porté à compâtir à ce chagrin qui, en définitive, avait une source sérieuse, et tout plein encore des révélations de Jean Blanc, il répondit à l'intendant à peu près comme il l'eût fait à une personne raisonnable, et lui laissa entendre que sa fortune allait subir un complet changement.

Béchameil haussa les épaules.

— Quelque héritage de vilain! grommela-t-il ; deux cents écus de rentes! C'est égal, s'il est possible de les saisir, je les saisirai... Mais, pussiez-vous me rendre mes cinq cent mille livres jusqu'au dernier sou, monsieur, nous ne serions pas quittes encore.

— Comment cela? demanda Didier qui ne prit même pas la peine de répondre à ce qui regardait le vol de la nuit précédente.

— Comment cela? s'écria Béchameil enhardi par le calme de son interlocuteur; vous me le demandez, monsieur!... J'étais le fiancé de mademoiselle Alix de Vaunoy.

— Eh bien?

— Ce matin, je l'ai trouvée, demi-vêtue, dans la chambre que vous occupiez ; elle priait auprès du cadavre de votre domestique... Ne me demandez pas d'explication sur ce meurtre. Cette maison est un coupe-gorge, et je n'y coucherais pas une nuit de plus quand il s'agirait de recouvrer mes cinq cent mille livres... Alix priait. Usant des droits que je croyais avoir, je l'ai engagée à regagner sa chambre. Elle m'a parlé de vous... je suppose qu'elle avait le transport... en termes qui ne me permettent pas de douter de mon malheur.

— Pauvre Alix! murmura le capitaine : — ne supposez rien qui puisse blesser l'honneur de mademoiselle de Vaunoy, monsieur! ajouta-t-il avec sévérité.

— J'ai assez de certitudes sans me prendre aux suppositions! répondit Béchameil. Cinq cent mille livres et ma fiancée!... Car elle m'a dit, monsieur, qu'elle entrerait en religion plutôt que de m'épouser!

A ces derniers mots, prononcés d'une voix plaintive, M. l'intendant royal tira sa montre de son gousset et leva les yeux au ciel.

— Onze heures! murmura-t-il. — Vous verrez qu'au milieu de cette bagarre personne ne se sera occupé du déjeûner!

Il salua Didier à la hâte et se dirigea vers les cuisines.

Didier demeura pensif. Evidemment

M. de Béchameil ne serait pas le seul à l'accuser. Les deniers de l'impôt étaient à sa garde. Pour se disculper, un moyen unique se présentait, c'était de mettre au jour l'infâme conduite d'Hervé de Vaunoy. — Mais Alix! Alix qui venait de le sauver! Alix qui l'aimait et qu'il faisait déjà si malheureuse!... Didier repoussa bien loin cette idée et n'en attendit que plus impatiemment le retour du maître de la Tremlays.

Sans y songer, il prit la route de sa chambre. En traversant la cour, une foule d'objets qu'il n'avait point remarqués d'abord frappèrent ses yeux et réveillèrent des souvenirs depuis bien longtemps assoupis. Il croyait reconnaître les sculptures de la façade et les nobles émaux des écussons.

La porte de la chambre était grande ouverte. Il entra.

Sur son lit, le corps du brave écuyer Jude était étendu. Une femme, agenouillée au chevet, priait à voix haute, récitant avec lenteur les versets du *De Profundis*. C'était la dame Goton Rehou qui rendait les derniers devoirs à son vieil ami.

Didier se découvrit et s'avança. En entendant sur les carreaux le bruit des éperons, la femme de charge tourna la tête. Elle n'avait point encore aperçu le capitaine, et sa vue lui causa une émotion dont la cause restait pour elle un mystère. —

Didier s'arrêta près du lit et considéra longtemps en silence les traits de Jude auxquels la mort n'avait point pu enlever leur expression de fermeté et de calme intrépide.

— Pauvre Jude! pensa-t-il tout haut au bout de quelques minutes, Dieu n'a point permis qu'il arrivât au but si ardemment souhaité... Il est mort avant d'avoir retrouvé le fils de son maître... Il est mort un jour trop tôt!

La vieille Goton Rehou se prit à trembler.

— Monsieur, monsieur! dit-elle; mes yeux sont chargés de vieillesse et il y a vingt ans que je n'ai vu Georges Treml, mais... au nom de Dieu, qui êtes-vous?

On entendit le cri des gonds rouillés de la porte extérieure. Didier courut à la fenêtre et aperçut Vaunoy qui entrait dans la cour.

— Qui êtes-vous? répéta Goton en joignant les mains.

— Vous vous souvenez donc aussi de Treml? dit le capitaine.

— Si je m'en souviens, béni Jésus!...

— Eh bien, dame, suivez-moi; vous entendrez le maître de la Tremlays me donner le nom qui m'appartient.

Didier quitta la chambre, traversa le corridor à grands pas et se rendit au salon où M. de Vaunoy venait d'entrer. La vieille Goton le suivit de loin.

Au salon se trouvait mademoiselle Olive de Vaunoy, M. de Béchameil et l'officier des sergens de Rennes. Celui-ci aborda brusquement Didier :

— Capitaine, dit-il, hier au soir, pendant le souper, vous vous êtes endormi. Ce n'est pas naturel. Durant votre sommeil on a pillé le château... Je me suis trouvé enfermé dans ma chambre; nos gens se sont vus parqués dans une grange close... Que pensez-vous de cela ?

— Je vous répondrai ce soir, répliqua Didier en s'avançant vers M. de Vaunoy.

Celui-ci se munit de son plus doucereux sourire.

— Saint Dieu! mon jeune ami, s'écria-t-il

en ouvrant les bras et faisant la moitié du chemin, je viens d'apprendre des choses qui me transportent de joie... La Bretagne retrouve en vous un de ses vieux noms et moi le fils d'un excellent cousin... Embrassons-nous, mon jeune parent... Monsieur de Béchameil, mademoiselle ma sœur et vous tous ici présens, je vous informe que le vrai nom de ce cher capitaine est Georges Treml...

— De la Tremlays, seigneur du Bouëxis-en-Forêt, ajouta Georges lui-même.

La vieille Goton qui arrivait au seuil s'appuya contre la muraille. Ses jambes, coupées, — comme on dit vulgairement, mais énergiquement, — par l'émotion, lui efusaient service.

— Je l'avais deviné! murmura-t-elle en essuyant une larme du revers de sa main ridée. Oh! que c'est bien ainsi que j'espérais le revoir!.... beau, fort, l'épée au côté la mine haute et fière, comme il convien à un Breton de bon sang...

Mademoiselle Olive joua de l'éventail. Cette belle personne excellait à cet exercice estimable. M. de Béchameil ouvrit de grands yeux.

— Peste! pensa-t-il, ce n'est pas un mendiant, après tout.

— Tels étaient les noms et titre de Nicolas Treml, votre aïeul vénéré, mon jeune ami, reprit Vaunoy, répondant aux derniers mots du capitaine.

— Et tels seront aussi les miens, monsieur, prononça Georges avec fermeté.

— Bien dit! pensa Goton Rehou, qui admirait chaque mot, chaque geste de son jeune maître.

— Monsieur mon cousin, repartit Vaunoy en mettant de côté son patelin sourire: — je crois que vous vous faites une idée fausse et singulièrement exagérée de votre position nouvelle.

— Ne suis-je pas l'héritier de mon aïeul?

— Si fait, Saint Dieu!... mais...

— Mais quoi? demanda Georges avec impatience.

— Mais quoi? répéta en *à parte* la vieille Goton triomphante.

Il n'y eut pas jusqu'à M. l'intendant royal qui, persuadé du bon droit du capitaine, ne se dit *in petto* :

— Mais quoi?

Hervé de Vaunoy reprit son sourire.

— Mon jeune ami, dit-il, l'emportement nuit parfois et ne sert jamais. A mon âge on ne parle pas à la légère... Croyez-moi : l'héritage de Nicolas Treml, — dont Dieu puisse avoir l'ame loyale en son paradis, — ne vous fera pas bien riche.

Le capitaine sentit le rouge de l'indignation lui monter au visage. Il s'approcha de manière à n'être entendu que de Vaunoy.

— Il y a sous votre toit, dit-il d'une voix contenue et que la colère faisait trembler, une personne que je respecte autant que je vous méprise, que j'aime autant que je vous hais... Rendez grâce à Dieu de posséder une pareille égide, monsieur; car je vous connais. Je porte les traces de vos traîtreuses attaques; je sais combien de fois vous avez tenté de m'assassiner; je sais que cette nuit encore...

— Que ne parlez-vous haut, monsieur mon cousin? demanda Vaunoy qui fit appel à toute son effronterie.

— Misérable! poursuivit Georges sans élever la voix; tu sais bien que ta fille est entre nous... ta fille qui est aussi sainte que tu es, toi, impur et souillé. Je ne dirai rien; mais tu es ici chez moi, et à tout le moins, je puis te faire chasser par les soldats sous mes ordres.

Vaunoy fit un salut ironique.

— Mademoiselle ma sœur, dit-il, et vous monsieur l'intendant, veuillez excuser notre entretien secret. Je vais, du reste, vous mettre au fait... Mon jeune cousin, pour premier acte de bonne parenté, me menace de me faire chasser de chez moi par les soldats de sa majesté.

— En vérité!... répliqua Béchameil pour dire quelque chose.

— Est-il possible! déclama mademoiselle Olive qui voulait avoir l'air de comprendre.

— Il n'y a point entre nous de bonne parenté, monsieur, reprit Didier en faisant effort pour concentrer sa colère au dedans de lui-même; — je vous menace, en effet, de vous chasser, mais non pas de votre maison, car ce château est ma propriété.

— Pour ça, tu en peux faire serment, mon enfant chéri! murmura la dame Goton Rehou.

— Oui dà! s'écria Vaunoy en ricannant; vous croyez cela?... Eh bien! mon jeune cousin, vous êtes dans l'erreur. Permettez que je m'absente une minute... le temps d'aller jusqu'à mon cabinet... et je reviendrai vous apprendre une foule de choses que vous paraissez ignorer.

Il salua et sortit.—Le capitaine demeura indécis et ne sachant plus trop sur quoi compter.

Béchameil, l'officier rennais et mademoiselle Olive se formèrent en groupe afin de gloser à leur aise sur cet événement étrange.

Pendant que chacun était ainsi diversement occupé, la figure noircie du charbonnier Pelo Rouan se montra sur le seuil. Il tenait sous son bras un petit coffre de fer tout rongé par la rouille. La vieille Goton seule l'aperçut et fit un mouvement de surprise, mais Pelo Rouan mit un doigt sur sa bouche. — Pelo se glissa dans l'ombre projetée par l'un des hauts battans de la porte ouverte.

Presque au même instant, M. de Vauuoy reparut, suivi de maître Alain. Il avait à la main un parchemin déplié.

— Mon jeune ami, dit-il d'un air

d'insolent triomphe, à peine tempéré par son habitude d'hypocrite courtoisie, — je vous prie humblement de m'excuser si je vous ai fait attendre. Veuillez prendre connaissance de cet écrit.

Le capitaine prit le parchemin et lut.

C'était l'acte de vente écrit tout entier de la main de Nicolas Treml et confié par ce dernier à Hervé de Vaunoy.

En lisant Georges devint pâle.

— Il paraît, murmura Béchameil, que cet écrit ne fait point plaisir au jeune homme ; mais comment diable ressaisir mes cinq cent mille livres ?

— Chut! fit mademoiselle Olive avec beaucoup d'importance.

— Monsieur, dit le capitaine après un silence, — il y a en tout ceci quelque odieuse machination que je ne comprends pas... Comment vous, pauvre et nourri des bienfaits de mon aïeul, avez-vous pu acheter et payer son domaine?

— L'économie! mon jeune ami, répondit Vaunoy en raillant; — avec de l'économie et quelque triture des affaires, on accomplit des choses réellement surprenantes... Mais là n'est pas la question, et j'espère qu'il ne vous prendra plus la fantaisie de me menacer... Voulez-vous que nous fassions la paix?

— Jamais! s'écria Georges en repoussant la main que Vaunoy lui tendait. Je puis vous épargner pour l'amour de votre fille;

je puis mettre un voile sur vos infamies...

— Monsieur mon cousin, dit Vaunoy en se redressant, —toute patience a un terme.

— Vos infamies! répéta Georges avec éclat. — Mais il y a guerre entre nous désormais, monsieur!

— La guerre? soit .. Mademoiselle ma sœur et vous, monsieur l'intendant, vous êtes témoins que j'ai poussé la modération jusqu'à ses plus extrêmes limites... Je crois donc, à mon tour, pouvoir dire au capitaine qui m'a outragé devant tous : Sortez de chez moi, monsieur.

— Béni Jésus! murmura la dame Goton, il va chasser mon pauvre petit Georges.

Le capitaine se couvrit, lança au maître

de la Tremlays un regard de provoquant dédain et se dirigea vers la porte.

A moitié route, il se trouva face à face avec Pelo Rouan, qui le prit par la main et le ramena au milieu du salon.

— Jean Blanc! dit le capitaine étonné.

— Jean Blanc! répéta mentalement Vaunoy qui regarda attentivement le nouveau venu, — Saint-Dieu! c'est lui en effet.

Il se pencha et dit un mot à l'oreille du majordome qui sortit aussitôt.

— Que venez-vous faire ici? ajouta-t-il en s'adressant au charbonnier.

— Je viens faire justice, répondit Jean Blanc d'une voix grave; — je viens, Hervé de Vaunoy, t'enlever le prix de vingt ans de fraude et de crimes.

Vaunoy regarda du côté de la porte. Maître Alain ne revenait point encore.

—Tu t'es prévalu d'un parchemin, signé par Nicolas Treml; notre jeune seigneur va te répondre par un parchemin signé de toi...

— Que veux-tu dire? interrompit Vaunoy avec inquiétude.

Jean Blanc posa le coffret de fer sur le plancher, s'agenouilla auprès, et introduisit son couteau dans la fente de la charnière. La rouille avait rongé le métal, et le couvercle sauta presque sans efforts. Le coffret contenait de l'or et un parchemin que Vaunoy reconnut sans doute, car il se précipita pour le saisir. Georges Treml le repoussa rudement. Ce fut lui qui prit l'acte des mains de Jean Blanc.

— Je savais bien! s'écria-t-il après avoir lu; — je savais bien qu'il y avait fraude et mensonge... Voici une déclaration signée de vous qui porte que tout descendant de Treml pourra racheter le domaine, moyennant cent mille livres tournois.

— Et voici les cent mille livres! ajouta Jean Blanc en frappant sur le coffre.

Vaunoy frémit de rage; ses lèvres écumaient et tremblaient; ses yeux sortaient de leurs orbites.

L'officier rennais, mademoiselle Olive et

Béchameil s'étonnaient grandement, et ce dernier concevait un vague espoir de recouvrer ses cinq cent mille livres.

Quant à la vieille femme de charge, elle s'émerveillait et promettait en son cœur une neuvaine à Notre-Dame de Mi-Forêt.

A ce moment, maître Alain reparut à la porte du salon. Il était suivi des domestiques du château, armés jusqu'aux dents et des sergens de Rennes. L'œil d'Hervé de Vaunoy étincela sous ses épais sourcils.

— Gardez toutes les issues ! s'écria-t-il. — Je promets dix louis d'or à qui mettra le premier la main sur ce brigand !...

Il désignait Jean Blanc du doigt.

— Cet acte est contre moi, reprit-il en

faisant effort pour contenir sa rage; — je suis dépouillé, pillé... Mais, saint Dieu! je serai vengé!... Regardez bien cet homme, monsieur de Béchameil; cette nuit, cinq cent mille livres vous ont été enlevées; le capitaine n'a pas su les défendre, ou plutôt il les a livrées, et sans doute l'argent que voici, — il montrait le coffre, — est le prix de sa trahison!

— Infâme! infâme! balbutia Georges, mis hors de garde par cette incroyable audace.

M. de Béchameil était tout oreilles et l'officier rennais semblait à demi-convaincu.

— As-tu bien le courage de nier, Georges Treml! poursuivit Vaunoy; cet homme qui vient à ton secours n'est-il pas le même qui, cette nuit, a dirigé l'attaque?...

— Si j'avais su cela, grommela Goton, du diable si j'aurais fait le coup de fusil!

— Cet homme qui t'apporte de l'or, reprit encore Vaunoy, n'est-il pas de ceux dont le nom seul est une condamnation... En avant, bons serviteurs du roi! emparez-vous du chef des Loups.

— Le Loup blanc! s'écrièrent ensemble Béchameil, mademoiselle Olive, les soldats et les domestiques.

Ces derniers, en même temps, firent prudemment un mouvement de retraite. Les soldats s'avancèrent et entourèrent Jean Blanc.

— Saisissez-le! s'écria Béchameil. — Ah! brigand détestable! tu vas me rendre mes cinq cent mille livres!

Mademoiselle Olive, au seul nom du Loup blanc, était tombée en pamoison.

Georges Treml avait tiré son épée, résolu à défendre l'homme qui l'avait servi si puissamment et qui était le père de Marie.

Mais il n'eut pas besoin de faire usage de son arme. Au moment où les sergens, rétrécissant leur cercle, allaient mettre la main sur le roi des Loups, celui-ci ramassa sous lui ses longues jambes et fit un bond extraordinaire qui le porta, par-dessus la ligne des assaillans, jusqu'à l'une des fenêtres du salon. Les soldats demeurèrent stupéfaits. Jean Blanc se mit debout sur l'appui de la fenêtre.

— Quoique tu fasses, Hervé de Vaunoy, dit-il, tu es vaincu... Tu n'auras pas même la vengeance!

— Feu! feu!... Mais tirez donc! hurla Vaunoy qui arracha le mousquet de l'un des soldats et mit Jean Blanc en joue.

Georges, d'un coup de son épée, détourna le canon, et la balle alla se loger dans le lambris.

— Nous nous rencontrerons encore une fois, Hervé de Vaunoy, reprit l'albinos sans s'émouvoir; — ce sera la dernière, et ous nos co mptes seront réglés!

Il sauta dans la cour à ces mots, puis on

le vit franchir la muraille extérieure avec la prodigieuse agilité qui lui était propre.

— Feu ! feu ! répéta Vaunoy, qui tomba épuisé sur un siége.

Les soldats firent une décharge. — Ce fut du bruit et de la fumée.

L'accusation dirigée contre le jeune héritier de Treml ne pouvait se soutenir. Vaunoy lui même, une fois que le premier mouvement de son exaltation furibonde fut apaisé, n'osa point la renouveler.

Il est permis de croire d'ailleurs que,

même au milieu de sa plus grande colère, il y avait eu calcul de sa part, et qu'il avait espéré profiter de la tumultueuse mêlée qui n'eût pas manqué de s'engager sans la fuite inopinée de Jean blanc, pour ressaisir d'un seul coup la fortune qui lui échappait en assassinant le capitaine. — Ce dernier espoir anéanti, Vaunoy n'essaya plus de combattre. Il avait joué; il avait perdu. Il se résigna au moins en apparence.

M. de Béchameil, marquis de Nointel, supporta la perte des cinq cent mille livres, ce dont le lecteur ne doit point s'affliger outre mesure, attendu que cet intendant royal en avait probablement volé trois fois autant en sa vie.

Georges Treml, en devenant Breton, ne

put perdre les sentimens d'affection et de respect qu'il croyait devoir à son souverain. Il ne fit point d'opposition à la cour de Paris; mais il s'interposa entre les pauvres gens de la forêt et leurs mille petits tyrans. Ainsi Georges fit rendre, aux sabotiers, vanniers, tonneliers et charbonniers, ce droit d'usage qu'une prescription immémoriale avait fait leur légitime propriété. Il les aida à payer l'impôt et les secourut de toutes manières possibles.

Deux ou trois ans s'étaient à peine écoulés depuis les événemens qui précèdent, qu'il n'y avait plus traces de *Loups* sous le couverts. En revanche, on voyait souvent des troupes de bonnes gens agenouillées au pied de la croix de Mi-Forêt. Ces bonnes gens remerciaient Notre-Dame qui leur avait rendu un fils de Treml, c'est-à-dire un protecteur puissant et un bienfaiteur infatigable.

Georges Treml de la Tremlays n'oublia pas qu'il avait été, durant vingt ans, Didier tout court. En prenant les nobles façons qui convenaient désormais à sa naissance, il ne prit point ces idées exclusives et inflexibles, dans leur rigidité, qui font en quelque sorte partie de l'héritage des vieilles races, et qu'il faut respecter même lorsqu'on ne peut point les partager. Grand seigneur par le sang, mais soldat de fortune par éducation, il n'était pas homme à se faire scrupule de consulter uniquement son cœur dans le choix d'une compagne.

Or, son cœur avait fait choix de Fleur-des-Genêts. Certes, il lui était permis de croire que cette union ne souffrirait point d'obstacles. Néanmoins il s'en rencontra un, et des plus sérieux : Jean blanc refusa péremptoirement la main de sa fille à son jeune seigneur.

Et ce n'était point un jeu. Jamais millionnaire refusant de prendre pour gendre un indigent; jamais duc et pair déclinant l'alliance d'un poète ne furent plus difficiles à fléchir que le pauvre albinos. Il avait, lui aussi, ses idées d'honneur, inflexibles, rigides et plus fières à coup sûr que les préjugés réunis de toute la noblesse de Bretagne.

Didier ordonna et pria tour à tour, et

longtemps en vain ; mais un jour il eut la bonne inspiration de jurer sur sa foi de gentilhomme breton qu'il n'aurait point d'autre femme que Marie. Jean blanc céda : il fallait bien que Treml eût des héritiers.

Ce fut un jour de bonheur pur et sans mélange que celui où Marie passa le seuil du bon château de la Tremlays. Le calme et la joie y entrèrent avec elle pour n'en plus sortir. Elle n'apportait point d'écusson pour écarteler celui de Treml ; mais, à tout prendre, il y avait assez d'armoiries diverses sous les austères portraits des vieux maîtres de la Tremlays ; aucune pièce héraldique n'y faisait défaut. — En revanche, d'ailleurs, parmi toutes les châtelaines qui respiraient sur la toile depuis des siècles le parfum de leurs bouquets toujours frais, pas une n'aurait pu disputer le prix de beauté à la pauvre fille de la forêt. A raison ou à tort, le capitaine comptait cela pour quelque chose.

Bien longtemps après, lorsque les enfans de Georges et de Marie couraient déjà par les taillis, guidés par la vieille Goton Rehou, il y avait au couvent de Saint-Aubin-du-Cormier une religieuse du nom de sœur Alix qui les guettait souvent au passage et les embrassait en pleurant. Sœur Alix était belle, mais ses grands yeux bleus ne savaient plus sourire, et les gens de la forêt interrompaient leur chanson lorsqu'elle passait près d'eux, tant son front pâle et son regard éteint respiraient la tristesse.

Quant à Hervé de Vaunoy, voici ce qui advint six mois après la rentrée de Georges en l'héritage de ses pères.

Il avait quitté la Tremlays pour se retirer à Rennes. Au bout de ce temps, il fit demander à Georges la permission de prendre, dans le cabinet qu'il avait occupé au château, quelques objets à son usage. — Georges s'empressa de faire droit à cette demande.

Vaunoy vint escorté de plusieurs hommes. Son cabinet était celui qui avait servi de retraite à Nicolas Treml et renfermait cette armoire où le vieux Breton, partant pour son dernier voyage, avait puisée les cent mille livres dont il a été si souvent question dans ce récit. Cette armoire contenait encore de fortes sommes, laissées par Nicolas Treml, et d'autres, fruit des épargnes de Vaunoy. C'était cet opulent pécule que celui-ci venait chercher.

Il n'éprouva nul obstacle de la part de Georges et reprit, vers le soir, le chemin de Rennes.

Mais ses valets arrivèrent à la ville sans lui et racontèrent, effrayés, que, sur la lisière de la forêt, un coup de fusil était parti au dessus de leurs têtes, et que Hervé de Vaunoy, frappé d'une balle en pleine poitrine, avait vidé les arçons pour rester mort sur la mousse du chemin.

— Nous avons dirigé nos regards vers l'endroit d'où était parti le coup, ajoutèrent les valets; la nuit se faisait; pourtant nous avons vu une forme blanche sauter de branche en branche, comme il n'est point raisonnable de penser qu'un être humain puisse le faire, puis disparaître au dessus des plus hautes cîmes des châtaigniers.

Le lendemain on trouva sur la mousse le cadavre d'Hervé de Vaunoy. Auprès de lui était à terre le vieux mousquet que Jean Blanc tenait de son père.

FIN DE LA FORÊT DE RENNES.

LE
BANQUIER DE CIRE.

I

En 1824, vers le commencement de l'été, un homme était couché sur son lit, dans une chambre de l'hôtel Meurice, à Paris. Il dormait; sa respiration égale et tranquille témoignait de la parfaite quiétude de son sommeil. Ses traits, d'une régularité pleine de délicatesse, offraient le type de la beauté britannique, qui serait la perfection, si la perfection n'était inséparable de la grâce. Sa chevelure blonde, où quelques poils gris paraissaient çà et là, se cintrait en rouleau pommadé au-dessus de son front lisse et reluisant comme le marbre; une barbe incolore encadrait de ses deux flocons symétriques l'ovale irréprochable de son visage. C'était, à coup sûr, un Anglais ou la statue d'un Anglais : entre ces deux choses seulement le doute pouvait être permis.

Mais c'était bien un Anglais, en chair et en os, nommé Peter Lowter. Il était depuis un an à Paris, et passait, parmi ses connaissances, pour un fort drôle de corps, ce qui ne veut pas dire qu'il fût amusant le moins du monde. Voici quelle était sa vie : à onze heures il se levait, faisait une minutieuse toilette et déjeûnait; à deux heures il se rendait à Frascati; là, il jouait jusqu'à la fermeture des salons. Il jouait gros jeu et perdait sans relâche; personne ne se souvenait de l'avoir vu gagner jamais. Depuis un an, il avait dû perdre ainsi une énorme somme. Aussi quelques-uns disaient-ils que c'était un membre du haut parlement voyageant incognito; d'autres le soupçonnaient, ce qui était bien autre chose! d'être parent du célèbre banquier de Londres portant le même nom que lui. Les croupiers, moins curieux, faisaient rafle de ses guinées sans s'inquiéter de sa position sociale.

Onze heures sonnèrent. Un réveil adapté à la pendule fit entendre son discordant appel. M. Lowter ouvrit les yeux et jeta autour de la chambre son regard apathique et froid. Un rayon de soleil se jouait dans les rideaux de la croisée.

— Pas de brouillard! murmura-t-il avec désappointement.

Il se leva, mettant à tous ses mouvemens une lenteur systématique, passa une robe de chambre et vaqua aux détails de sa toilette. Cela fait, il prit une paire de pistolets, dans chacun desquels il força deux balles, et sonna son déjeûner.

Après avoir mangé beaucoup et bu davantage, il repoussa son fauteuil loin de la table et allongea le bras pour atteindre les pistolets. Son visage peignait l'impassibilité la plus complète; la diaphane blancheur de sa peau montrait les chairs de sa joue fraîches, rosées, comme devaient l'être, sous leur épiderme de satin, les chairs des modèles de Boucher.

Les deux pistolets furent tranquillement armés. Peter Lowter en prit un dans chaque main, tourna le dos au soleil, et appuya les deux canons contre son front. Au moment de presser les détentes, il parut se raviser.

— Ce misérable Dick oublie toujours les cure-dents! grommela-t-il d'un air chagrin. — Dick!

Un groom de proportions choisies, et pouvant peser un peu moins qu'un mouton, montra son visage de fouine à la porte entrebâillée. Peter Lowter lui ordonna d'abord d'aller au diable, et, incidemment, d'apporter un paquet de cure-dents. Tandis que le groom exécutait la deuxième partie de cet ordre, son maître s'était renversé en arrière et dardait au plafond son œil porcelaine. Le sujet de ses réflexions était plein de mélancolique philosophie. Il se disait qu'à tout prendre, les quatre balles de ses pistolets eussent remplacé les cure-dents avec avantage; que ce retard, apporté volontairement à l'accomplissement d'un acte sérieux et louable, était indigne d'un gentleman. Néanmoins, il attendait; pour un Anglais, le suicide perd les trois quarts de son charme quand le baromètre est au beau.

Ceux qui disaient que M. Lowter était parent du célèbre banquier de Londres se trompaient; M. Lowter était le banquier lui-même. Unique artisan de sa fortune, il avait acquis, en quinze ans, un crédit sans bornes; en 1823, il faisait à lui seul autant d'affaires que dix de ses collègues et des plus connus. On lui supposait, en caisse ou placé quelque part, un fabuleux trésor, et ses rivaux, qui n'étaient que huit ou dix fois millionnaires, séchaient d'envie et de dépit.

Nonobstant, Peter Lowter était loin d'être heureux. Il avait atteint l'opulence après avoir connu la misère; sa femme était bonne et douce; sa fille, ravissante créature, eût fait l'orgueil de tous les pères: tout enfin lui souriait. Ce bonheur constant l'ennuya ; il prit le spleen, et conçut pour son intérieur un invincible dégoût. La tentation lui vint d'abord d'exagérer les folies des lions de Londres : il le pouvait; sa caisse était inépuisable; mais il eût fallu se mouvoir, vivre, et le banquier Lowter, nature apathique, que la soif de l'or avait seule pu galvaniser autrefois, recula devant cette fatigue. D'ailleurs, par une contradiction explicable, tout en détestant sa femme, il l'estimait et tenait à son estime. Pendant de longues années on l'avait cité comme le modèle des pères de famille; à quoi bon perdre cette renommée, qui ajoutait à son crédit?

Pourtant, il fallait combattre l'odieux

ennui qui le rongeait. Il se fit joueur. Heureux en affaires, la chance lui fut hostile au jeu. Il perdit, il perdit sans cesse, c'est pourquoi sa fantaisie devint une passion. Au jeu, comme en amour, le succès est un sûr remède, et les cruautés de la fortune n'ont pas moins d'irrésistibles attraits que les savantes rigueurs d'une coquette; si Peter Lowter eût gagné, notre histoire finirait au premier chapitre.

Sa passion grandit et ne connut bientôt plus de frein; il perdit d'abord tout ce qu'il avait en caisse, puis les sommes placées; enfin, réduit aux fonds de son commerce, il dut se borner et ne jeter au jeu que l'immense bénéfice de chaque jour. — Alors, il s'ennuya de nouveau.

Ce n'était point aux clubs fashionables, ce n'était pas même dans les maisons tolérées que Peter Lowter vidait son portefeuilles tous les soirs. Il avait fait choix d'un obscur tripot du Borough où nul ne pouvait le reconnaître. Sa passion, en effet, était un secret pour tous, même pour sa femme. Il passait la nuit entière et une partie des journées hors de chez lui ; mais, tandis qu'il jouait, on le croyait au travail ; mistress Lowter avait l'assurance matérielle, positive, qu'il était paisiblement assis dans son cabinet. Elle le *voyait*. Nous expliquerons plus tard cette expression, qui pourrait sembler étrange au lecteur.

Un seul confident avait le secret du banquier. Toby, vieux domestique bavard de nature, mais discret — comme un bloc de sapin du nord, dont il avait la couleur et la souplesse, — dès qu'il s'agissait de son maître, favorisait les mystérieuses excursions de Peter Lowter. Hors lui, tout le monde devait croire le banquier un prodige d'assidue et laborieuse patience.

Il y a dans l'atmosphère de Londres une *malaria* de suicide que de lymphatiques gentlemen ont essayé d'importer en France, cela, malheureusement avec un certain succès. Peter Lowter, en rentrant chez lui chaque nuit, passait la Tamise. Une fois, il s'accouda sur la balustrade du pont de Westminster, et regarda le fleuve avec envie. Il faisait froid; le banquier frissonna et poursuivit son chemin; mais, depuis lors, il ne pensait plus à la rivière sans éprouver un certain tressaillement voluptueux, comparable à cette saveur décevante, mais jolie, qui caresse le palais d'un gourmet au souvenir de tel pâté de Strasbourg convenablement arrosé. Trop paresseux pour avoir deux passions, il reprit au démon du jeu son cœur, et le donna au suicide; — non pas à ce suicide étourdi que brusque un caissier famélique, coupable de détournement, mais à ce tranquille et glorieux trépas médité à loisir, savouré en espoir, chaque jour, durant de longues semaines, puis accompli un matin à tête reposée, après une nuit de sommeil réparateur, quand les membres jouissent de ce surcroît de vie matérielle apporté par un confortable repas. Londres ne valait rien pour une partie de ce genre; il fallait conquérir liberté entière; le stratagème employé jusqu'alors avec succès pour tromper le monde et mistress Lowter, ne suffisait plus.

Comme nous pourrons le voir, ce stratagème n'était pas sans mérite; à la rigueur, le banquier aurait pu trouver un autre expédient, mais il ne donnait carrière à son imagination qu'à bonnes enseignes. Que voulait-il? du temps et de la solitude pour boire à petites gorgées la coupe du suicide. Il jugea fort inutile de chercher un biais, et poussa droit au but : il quitta Londres, laissant à mistress Lowter un billet en forme de testament et commençant par ces mots sacramentels :

« Quand vous recevrez ces lignes, j'au-
» rai cessé d'exister. Ne cherchez point à
» connaître, etc., etc. »

Ceci, à le bien prendre, n'était point un mensonge, mais un simple anachronisme. Le banquier anticipait sur les événemens. Cette fois, n'ayant plus besoin du vieux Toby, son complice ordinaire, il ne le mit point dans le secret, et partit, mort pour tout le monde.

Il débarqua en France. Rien n'est irréfléchi chez un Anglais : Peter Lowter avait pris le temps d'amasser une très-forte somme, et arrivait le portefeuilles gonflé de bank-notes. Il joua pour occuper son ennui, et perdit suivant son habitude. Or, ici, la perte de chaque jour ne pouvait plus se balancer par de continuels emprunts faits à la caisse. M. Lowter vit rapidement diminuer son trésor. La mort se montra prochaine, non plus volontaire, mais inévitable. Sous ce nouvel aspect, elle lui sembla médiocrement séduisante.

Il perdit néanmoins sans relâche, travaillant méthodiquement à sa ruine et ne permettant point à sa perte de dépasser une certaine limite. De cette façon, divisant le contenu de son portefeuille par le montant de son enjeu quotidien, il pouvait arrêter chaque soir le compte de ses jours. Cela dura un an.

La veille du jour où nous l'avons présenté au lecteur, il avait fait sa dernière division et trouvé zéro pour quotient.

Peter Lowter voulait bien mourir, d'autant mieux qu'il ne pouvait faire autrement; mais il eût été charmé de trouver un prétexte de vivre. Au moment fatal, il hésita. Le souvenir de sa femme lui revint; il vit, comme en un rêve, l'image de la jolie Anna, sa fille aînée. Pourquoi les avait-il quittées ?

Dick, le groom, reparut bientôt avec les cure-dents. Derrière lui entra un grand jeune homme qui parcourut la chambre d'un air effaré. A la vue de M. Lowter, il laissa échapper un oh! modulé à la façon anglaise, sur trois notes également cacophoniques. Dick se retourna et fit chorus.

— Prodigieux! murmura le nouvel arrivant.

— Monsieur, dit Lowter en montrant la porte, je ne vous connais pas.

Le nouveau venu rougit, mais ne se retira point.

— Je me nomme Robert Stevenson, dit-il en saluant respectueusement.

M. Lowter garda le silence.

— Ne connaissez-vous pas au moins mon nom? reprit Robert.

— Une méprise, je suppose, murmura le banquier, qui ajouta tout haut : —finissons.

— Prodigieux ! répéta Robert avec tous les signes de la stupéfaction. N'êtes-vous donc pas monsieur Peter Lowter, banquier, 6, Oxford-Street, à Londres?

Ce dernier fit signe à Dick de sortir.

— Pourquoi cette question? demanda-t-il en fermant la porte.

— Pourquoi ! s'écria le jeune homme. Allons ! je commence à croire, en effet, que c'est une méprise. Vous n'avez pas... Monsieur Lowter, veux-je dire, n'a pas l'habitude, il est vrai, de communiquer avec ses employés, mais il ne peut ignorer le nom de son principal commis.

— Ah !... fit le banquier, stupéfait à son tour, mais cachant son étonnement sous la flegmatique impassibilité de son visage ; — il n'est donc pas mort?

Le commis éclata de rire.

— Vous avez raison de vous moquer de moi, monsieur Lowter, dit-il ; mais je demande grâce. Sérieusement, c'est vous, n'est-ce pas ?

Le banquier secoua la tête.

— Non ?... Eh bien ! je veux mourir si jamais ressemblance plus extraordinaire s'est rencontrée sous le soleil... Au fait, je suis fou ! Comment pourriez-vous être monsieur Lowter, mon patron ? Je l'ai laissé, il y a deux jours, à Londres, et je suis certain qu'il n'était pas sur le paquebot qui m'a conduit en France. Par quel chemin m'auriez-vous devancé ?

Peter Lowter se perdait en conjectures et parcourait la chambre à grands pas. — Le commis, profitant d'un instant favorable, voulut effectuer sa retraite.

— Monsieur Robert Stevenson, dit tout-à-coup le banquier, j'ai beaucoup connu dans le temps ce digne M. Lowter d'Oxford-Street dont je porte le nom ; je suis ravi qu'il ne soit point mort, et... Avez-vous déjeûné, monsieur Stevenson ?

Quelques minutes après, nos deux Anglais étaient attablés vis-à-vis l'un de l'autre. Grâce à la précieuse faculté d'extension propre aux estomacs d'outre-Manche, le banquier put décemment tenir tête à son hôte. Celui-ci était jeune, simple d'esprit et naturellement communicatif. Une fois la glace rompue, il ne se fit point prier pour dire qu'il était fils de M. Stevenson, banquier à Édimbourg et correspondant de la maison Lowter. Premier commis dans cette dernière maison depuis six mois, il était devenu amoureux de miss Anna, la fille aînée de son patron. Mistress Lowter voyait cet amour d'un œil bienveillant; miss Anna de même, du moins Robert l'espérait; mais il y avait ce diable de Thomas Bage!... Quant au banquier lui-même, Robert ne savait, en vérité, à quoi s'en tenir. C'était un si singulier personnage! Chargé d'opérer, en France, divers recouvremens, Robert était arrivé le matin à Paris. En descendant à l'hôtel, il avait entendu prononcer le nom de son patron, et s'était fait dépeindre l'individu qui le portait...

— Rien ne manquait à la ressemblance, dit-il en finissant; même âge, même tournure... Et, sur mon honneur, plus je vous regarde!... Mais laissons cela. L'idée ne m'est pas venue d'abord que la rencontre fût impossible, et j'étais d'autant plus empressé de me tronver face à face avec mon patron, que je n'ai point encore eu cet avantage.

— Comment! s'écria Peter Lowter, depuis six mois?...

On était à la troisième bouteille de porto. Stevenson, de plus en plus expansif, s'accouda sur la table et prit un air mystérieux.

— Vous comprenez, dit-il en clignant de l'œil, qu'il y a là-dessous quelque chose d'étrange. A Londres, il court certains bruits...

— Je savais bien que mes souvenirs ne me trompaient pas, interrompit le banquier : on a dit autrefois que M. Lowter était mort...

— Mort? je ne sais; maintenant on dit qu'il est fou.

Peter Lowter fit un signe d'incrédulité.

— Positivement, reprit Stevenson; et cela n'augmente pas le crédit de la maison.

— Mais pourquoi dit-on cela?

— Je vous fais juge. Depuis un an, M. Lowter s'est fait mettre sous verre.

— Ah bah!

— Je m'explique : il a fait adapter à son cabinet, du côté des bureaux, une clôture à vitrage, fortement grillée. Derrière cette clôture on le voit assis, le dos tourné au public, vêtu, été comme hiver, d'une robe de chambre fourrée.

— Et que fait-il ainsi?

— Dieu et Thomas Bage le savent. Parfois un épais rideau de serge empêche de l'apercevoir ; mais tout fait conjecturer qu'il reste, les journées entières, dans cette position. Quand vient la nuit, Thomas Bage (lui seul a la clé du sanctuaire), entre avec des flambeaux et le dîner du patron...

—Ce Bage n'est donc plus le premier commis de la maison? demanda M. Lowter.

— Il a monté en grade; il est associé ou quelque chose d'approchant.

— J'entends... il a la signature?...

— Non pas, M. Lowter seul...

— Par le ciel! interrompit le banquier avec une chaleur inaccoutumée,—je donnerais beaucoup pour voir un effet souscrit par ce Peter Lowter.

Stevenson avait fait grand honneur au déjeûner ; il ne prit point garde au feu subit qui brilla dans l'œil de son partner.

— Rien de plus facile, dit-il.

Et il tira de son portefeuille une lettre

de crédit datée de Londres, trois jours auparavant. M. Lowter se saisit avidement du papier et le retourna dans tous les sens. Tandis qu'il l'examinait, ses sourcils se froncèrent, ses lèvres remuaient comme s'il se fût parlé à lui-même.

— A la bonne heure! murmurait-il, voici ma signature miraculeusement contrefaite...je conçois cela. Mais moi... moi! qui donc peut me doubler à Londres, et jouer mon rôle de manière à tromper jusqu'aux employés de la maison?... Mon cher monsieur Stevenson, continua-t-il en faisant sauter le bouchon d'une bouteille de champagne, tous ces détails me réjouissent infiniment; poursuivez, je vous prie.

— Où en étais-je? demanda Robert. Je vous disais, je pense, que miss Anna est la plus délicieuse fille qui soit au monde. Figurez-vous...

— Vous parliez de son père. Que fait-il une fois le soir venu?

Le cerveau de Robert commençait à se troubler.

— Le soir venu on lui sert à dîner, voilà tout.

— Dîne-t-il?

— C'est vraisemblable.

— L'avez-vous vu?

— Jamais. Bage tire le rideau... Afin que vous le sachiez, ce Bage est un misérable que je soupçonne fortement d'être mon rival. Mais il faudra que je meure... que je meure, mon cher monsieur, avant qu'il épouse miss Lowter!

Le banquier n'écoutait plus. Il se frottait les mains; un demi-sourire relevait les coins de sa lèvre.

— C'est cela! se disait-il, ce ne peut être autre chose... Dussé-je ne pas me tuer avant six mois, je saurai si j'ai deviné juste!

Le prétexte était trouvé. En conscience, il était excellent. Quel homme eût songé à mourir avant de démasquer le hardi coquin qui se faisait son Sosie?

Stevenson, pendant cela, demeuré seul à table, buvait et se livrait à une élégiaque description de miss Anna Lowter; sa langue s'épaississait de plus en plus. Bientôt il s'affaissa lourdement et prit sommeil.

M. Lowter sonna Dick; Stevenson fut porté sur le lit, où il continua en paix son somme.—Le soir, en s'éveillant, il se trouva seul. La chambre avait changé de physionomie : le secrétaire était grand ouvert et vide; les meubles présentaient cet aspect de désordre qui suit un départ précipité. Sur la table, où avait eu lieu le déjeuner, un billet cacheté portait l'adresse de M. Stevenson; le commis l'ouvrit précipitamment. Voici quel était son contenu :

« Reçu de M. R. Stevenson 100 livres sterling en une lettre de crédit de pareille somme, et deux bank-notes de 20 livres sterling chacune; ensemble 140 liv. st.

» P. Lowter,

» 6, Oxford-Street, London. »

Robert sauta sur son portefeuille, qu'il trouva vide. Il revint alors vers la table, relut la quittance, et se frotta les yeux jusqu'à les rendre très rouges.

— C'était lui! s'écria-t-il enfin; impossible de méconnaître sa signature! Il aura voulu me donner une leçon... Mais comment diable a-t-il pu me devancer?

Un domestique de l'hôtel entra.

— A quelle heure est arrivé ce gentleman qui occupait cette chambre? lui demanda Stevenson.

Le domestique le regarda étonné ; Stevenson renouvela sa question.

— Si vous voulez parler de M. Lowter, répondit enfin le garçon, il y a un an et quelques jours qu'il occupe cet appartement.

Robert resta comme abasourdi.

— Ce n'est pas lui, murmura-t-il après un long silence... C'est donc le diable!

Un peu soulagé par cet ingénieux syllogisme, Stevenson vida le contenu de sa bourse sur la table : il lui restait juste ce qu'il fallait pour retourner en Angleterre.

II

La maison de Peter Lowter, à Londres, était un véritable palais. Le rez-de-chaussée entier était occupé par de vastes bureaux décorés avec un luxe sévère, et peuplé d'une armée d'employés de tous âges. Au premier étage se trouvait le cabinet de

M. Lowter, dont Stevenson nous a fait la description. Ce cabinet donnait d'un côté sur les bureaux des chefs ; de l'autre, il touchait l'ancien appartement de mistress Lowter, occupé maintenant par M. Thomas Bage. Mistress Lowter s'était retiréé au second étage avec sa famille.

Quelques jours après la scène que nous venons de raconter, la femme du banquier, malade, était à demi couchée sur une chaise longue; près d'elle, Anna feuilletait avec distraction un keepsake. L'ameublement du petit salon où elles se trouvaient outrepassait les limites les plus extrêmes de la magnificence privée : c'était royal, prestigieux, volontiers aurions-nous dit extravagant, si miss Lowter n'eût montré là son pur et charmant visage, pour lequel aucun cadre ne pouvait être trop somptueux.

Mistress Lowter était une femme de

quarante ans, aux traits fatigués, presque flétris; la souffrance se lisait en caractères distincts sur son front. De temps en temps, à la dérobée, elle jetait un regard vers sa fille; une larme venait alors à ses yeux.

— Il me semble, dit Anna en fermant tout à coup le keepsake, que M. Stevenson tarde bien à nous donner de ses nouvelles?

— Il y a huit jours seulement qu'il est parti, fit observer mistress Lowter.

— Huit jours, répéta la jeune fille, c'est bien long!

Comme si elle eût regretté cette parole, Anna rougit et cacha son visage derrière l'album, qu'elle ouvrit de nouveau.

— Elle l'aime, murmura mistress Lowter; — pauvre enfant!

Un domestique entr'ouvrit la porte et annonça M. Bage. Ce nom parut produire sur les deux dames un effet pareil : mistress Lowter fronça le sourcil, et Anna laissa échapper une exclamation peu flatteuse pour le nouvel arrivant. M. Bage était remarquablement laid. Sa physionomie exprimait l'avidité; ses manières avaient cette brutale aisance qui n'est qu'une variante de la bassesse. Il entra d'un air cavalier, salua légèrement, et jeta un vaste portefeuille sur la table.

— Que Dieu me punisse, s'écria-t-il, si miss Lowter ne devient pas plus belle chaque jour !

Ce compliment, tout parfumé de galanterie britannique, demeura sans réponse. Bage refrogna sa laide figure et se tourna vers la mère.

— A l'ouvrage! dit-il avec brusquerie.

Anna comprit, et se retira aussitôt. Bage ouvrit le portefeuille, qui contenait des effets, lettres et bordereaux sans signatures. Mistress Lowter prit une plume et, sans lire, signa le tout.

— Cet étourdi de Stevenson n'écrit pas, dit Bage; la dernière ressource nous échappe.

Mistress Lowter tressaillit.

— N'y a-t-il donc plus d'espoir? demanda-t-elle.

— Je n'en vois pas, répondit Bage avec une glaciale indifférence.

— Quoi! cet immense crédit?...

— Tout s'use... excepté mon amour. Décidément, ma chère dame, je crois que miss Anna m'a ensorcelé.

Ce disant, Bage se frotta les mains d'un air satisfait. Mistress Lowter réprima un geste d'indignation.

— Mais, reprit-elle, Robert est un honnête jeune homme; il aura sans doute effectué les recouvremens dont il s'est chargé ; nous allons recevoir sous peu...

— Quoi? quelques milliers de livres. C'est trois jours de vie pour la maison... Avez-vous réfléchi à ma proposition?

— Ainsi donc, s'écria mistress Lowter, nous voilà réduits à la mendicité !

— C'est le mot, ma bonne dame.

Mistress Lowter se leva ; une rougeur subite et fugitive empourpra sa joue ; dans son regard éclatait une haine méprisante et sans bornes.

— Et vous venez me demander ma fille ! dit-elle d'une voix tremblante. Notre fortune était grande, si grande qu'elle excitait l'envie de tous ; vous étiez, vous, un chétif commis. Maintenant vous êtes millionnaire, et nous n'avons plus rien ! Fort contre une femme sur laquelle pesait la crainte de la justice humaine, vous, son complice, son tentateur, vous lui avez dit : Je vais te voler ton opulence, je vais m'enrichir de ta détresse; pas un mot de plainte! il faut choisir sans bruit entre la misère et l'infamie. Je me suis tue, car je vous savais lâche!... Mais maintenant, vous venez me demander ma fille... vous !!..

Elle s'arrêta, comme si elle n'avait pu trouver d'expression assez dédaigneuse pour formuler l'amertume de son refus. Thomas Bage attendit une seconde, puis, se forçant à ricaner :

— Sur ma parole, dit-il, je pense qu'il y a du vrai dans tout ceci. Je vous ai pris votre fortune; d'où il résulte, ma chère dame, que je la possède : c'est un point à considérer. Quant à la main de miss Anna, je vous la demande en effet positivement.

— Jamais!... Je suis faible; je fus coupable, mais je le fus pour mon enfant, et

Dieu me pardonnera. Si je la donnais à un homme tel que vous!...

— Elle jouirait d'un joli revenu, ma bonne dame, et je serais capable de vous assurer à vous-même une pension décente...

— Jamais! répéta mistress Lowter avec force.

— Ma chère dame, dit Thomas Bage dont la voix prit une inflexion doucereuse, vous me mettez sans cesse dans la nécessité de vous rappeler certaines choses... Ce que j'ai fait pour votre fortune, ne pourrai-je le faire pour miss Anna?

— Non! oh! ce serait trop infâme! murmura mistress Lowter en joignant les mains.

— Infâme ou non, je le puis.

— Vous ne le ferez pas!

— Je penche à croire, ma bonne dame,

que je le ferai. J'aime votre fille; réellement je l'aime plus qu'il n'est raisonnable. Vous me la refusez ; d'un mot je puis vous perdre : bien fou serais-je si je ne disais pas ce mot qui, tout naturellement, jettera la jolie miss entre les bras de qui voudra la prendre.

Mistress Lowter était atterée. Avant que son émotion lui eût permis de trouver une parole pour répondre, Bage reprit son portefeuille et se leva.

— Je vous donne jusqu'à demain pour réfléchir, dit-il.

Puis, saluant cavalièrement, il se retira.

Comme nous l'avons dit déjà, le crédit de Peter Lowter était énorme, mais exclusivement personnel. Ce crédit n'avait pour fondement que la grande habileté du banquier, sa probité connue, et le remarquable bonheur qui l'avait accompagné dans toutes ses entreprises. Il était considéré à Londres comme un modèle dont il fallait désespérer d'atteindre la perfection. Sa femme, qui partageait la croyance commune, voyait en lui un être infaillible, une providence.

La lettre par laquelle le banquier annonçait son prétendu suicide frappa donc, dans le temps, mistress Lowter d'un coup doublement terrible : elle perdait à la fois son mari et sa fortune. Mistress Lowter avait en ce monde un sentiment exclusif et passionné : sa fille Anna était tout pour elle. La mort du banquier jetait bas brusquement tous les rêves dorés qu'elle avait faits touchant l'avenir de cette enfant. Elle respectait son mari, sa mort l'affligeait; elle avait connu le besoin autrefois, la pensée de redevenir pauvre l'eût navrée :

la pensée de voir sa fille partager sa chute la brisa.

Elle était seule dans l'appartement qu'elle occupait alors au premier étage de la maison d'Oxford-Street, lorsque le vieux Toby lui apporta le message mortuaire, laissé par le banquier, lors de son départ. Toby servait la maison depuis quinze ans; mistress Lowter était douce et bonne; il l'aimait, et se reprochait souvent d'aider à la tromper. A peine la pauvre femme eut-elle parcouru les premières lignes de la lettre qu'elle se trouva mal. Toby, tout en lui portant secours, jeta un coup-d'œil sur le papier, qui était tombé ouvert à ses pieds, il lut.

— Dieu nous aide! murmura-t-il; que va devenir la maison?

La position de la maison Lowter était en effet chose universellement connue. Son chef était pour elle ce que l'ame est au corps. Avec lui la puissance, la durée, l'essor indéfini; sans lui, la mort.

Mistress Lowter resta longtemps évanouie. Toby lui faisait respirer des sels, et se creusait la tête pour trouver un moyen de salut. Au moment où la dame reprenait ses sens, le vieux domestique se toucha le front et fit un soubresaut de plaisir.

— Elle sera sauvée ! s'écria-t-il.

Il n'entendait point parler de sa maîtresse, mais de la *maison*, chose bien autrement intéressante pour un valet de commerce. Et, comme mistress Lowter le regardait étonnée, il ajouta en forme d'explication :

— Son Honneur M. Lowter est mort, c'est vrai, mais je le ressusciterai, moi... moi, Toby !

Il prit la main de la veuve, qui, faible encore, le laissa faire, et l'entraîna vers le cabinet du banquier. Thomas Bage entrait au moment où ils sortaient. Il vit à terre la lettre ouverte, la ramassa et ne se fit point scrupule de la lire.

Toby ouvrit une armoire, et tira un long rideau qui en voilait exactement le contenu. Mistress Lowter poussa un grand cri; Thomas Bage tendit le cou par l'ouverture de la porte entrebâillée, et regarda.

— C'est lui, n'est-ce pas? dit Toby triomphant. Oh! c'est travaillé de main de maître. Son Honneur a payé cent guinées au mouleur pour que rien n'y manquât.

Ce n'était pas trop cher. L'armoire contenait un mannequin de cire représentant le banquier. L'artiste avait d'autant mieux réussi, que le visage inanimé du modèle se prêtait merveilleusement à cette minutieuse reproduction. Un seul reproche était à faire au mouleur : il avait donné trop de vie à son œuvre; Peter Lowter était plus mannequin que cela.

A cette vue, les yeux de la veuve se remplirent de larmes. Le vieux domestique prit une attitude humble et repentante.

— Madame aura pitié d'un pauvre homme et lui accordera son pardon, dit-il. J'ai honte de l'avouer, ce morceau de cire servait à la tromper, et j'étais de moitié dans la feinte; mais Son Honneur était mon maître, et je devais lui obéir... Tous les soirs il sortait par cette porte, que vous ne voyez pas, tant elle est habilement masquée; il se rendait aux maisons de jeu. Moi, j'établissais ce mannequin dans la bergère et j'allumais la lampe. De votre fenêtre, vous regardiez souvent; vous admiriez la patiente activité de Son Honneur...

— Assez! interrompit mistress Lowter. Pourquoi me dire cela maintenant?

— Pourquoi ? Ne me comprenez-vous donc pas ? Ce qui vous a trompée, vous, sa femme, ne peut-il tromper le monde ?

La veuve pencha sa tête sur sa main ; une foule de pensées douloureuses se pressait dans son cerveau. Elle souffrait cruellement du présent ; l'avenir était là, devant elle, plus funeste encore et dépourvu d'espoir. Anna, sa fille bien-aimée, allait connaître le malheur. Néanmoins, quand elle ouvrit la bouche, ce fut pour prononcer un refus.

— Ce serait un mensonge aussi coupable qu'inutile, dit-elle avec découragement.

— Coupable, peut-être ; inutile, non.

Ceci fut dit par Thomas Bage, qui se présenta tout à coup. Mistress Lowter recula effrayée.

— Ne craignez rien, je sais ce dont il s'agit, reprit Bage en montrant la lettre ouverte ; — vous pouvez compter sur moi.

Il braqua son binocle sur le mannequin, et l'examina durant quelques secondes avec une scrupuleuse attention.

— Sur mon honneur! s'écria-t-il enfin, j'y serais pris tout le premier. Ce diable de patron! qui l'aurait cru capable de cela?... Toby, mon ami, vous avez eu là une lumineuse idée, et vous êtes la perle des serviteurs... Laissez-nous.

M. Bage possédait le talent de se faire haïr de tous. Toby éprouva une forte tentation de lui rétorquer l'ordre qu'il venait de recevoir ; mais quinze ans de domesticité dompteraient le plus énergique naturel : il n'osa, et sortit. Mistress Lowter, distraite par son chagrin, ne prit pas même garde à l'entrée inconvenante de Bage, non plus qu'à l'insolence de cet employé qui donnait des ordres dans sa maison, en sa présence.

Bage avait son dessein. Une fois débarrassé du vieux valet, il se mit en frais d'éloquence pour persuader mistress Lowter. Plus l'idée semblait extravagante au premier aspect, plus il serait difficile d'en soupçonner l'exécution ; on était sûr de la discrétion de Toby ; lui, Bage, prendrait connaissance de la comptabilité secrète du banquier et dirigerait la maison ; mistress Lowter se chargerait de la signature. — Il fallait bien qu'elle fît quelque chose! — Et, à tout prendre, en contrefaisant l'écriture de son mari, elle ne commettait pas un faux : elle serait parfaitement certaine de remplir les engagemens pris sous ce nom, qui était le sien d'ailleurs. En définitive, ce n'était là qu'élargir un peu, à son profit, le sens du mot succession.

Bage dit cela, et beaucoup de choses incomparablement plus concluantes; il avait si grand désir d'arriver à ses fins, qu'il se surprit cette fois à parler couramment. Mistress Lowter refusait toujours. Enfin, en désespoir de cause, le commis prononça le nom d'Anna : — la pauvre mère ne résista plus.

De cette façon, les trois ingrédiens qui entrent dans la constitution d'un banquier, se trouvaient créés : son corps, ses livres et sa signature. Impossible d'imaginer une résurrection plus complète.

Dès le lendemain, en effet, la mystérieuse armoire fut vidée; on affubla le mannequin d'une robe de chambre, et on l'assit dans une bergère. Comme on ne pouvait le faire voir au dehors, on abattît la cloison qui séparait le cabinet des bureaux, et cette cloison, remplacée par un vitrage à peine diaphane, permit d'apercevoir le profil perdu de M. Lowter, qui semblait méditer profondément.

Bage avait deviné juste : l'absurdité de la ruse éloigna tout soupçon. Lorsqu'on vint à trouver étrange la retraite indéfiniment prolongée du banquier, on ne supposa point sa mort; on le crut fou. Ce fut pour la maison une première cause de discrédit.

Une autre, plus désastreuse encore, prit naissance dans les énormes et continuels détournemens opérés par Thomas Bage. Mistress Lowter fut sévèrement et vite punie de la faiblesse qu'elle avait mise à suivre les conseils de cet homme. Chef suprême de la maison, il recevait tout, employait une misérable part des recettes aux besoins d'urgence, et s'attribuait le reste, reculant les paiemens, et détruisant à plaisir le plus puissant crédit que jamais homme d'argent eût fondé par sa probité réelle ou prétendue. Peter Lowter avait distrait lui-même autrefois de fortes sommes; mais il s'était toujours arrêté là où commençait le danger; Bage, lui, s'était dit : En six mois, je veux être millionnaire; il agissait en conséquence. Le banquier avait traité sa maison comme on fait d'une forêt; il la grevait de coupes excessives, mais réglées; de telle sorte que, les recettes comblant le vide sans cesse, devaient retarder indéfiniment sa ruine. L'ancien premier commis, devenu maître à son tour, et n'ayant rien à ménager, introduisit aveuglément la hache dans les lieux réservés, mit bas taillis comme futaies, et fit sauter jusqu'aux souches. Ce fut une véritable et stupide dévastation. L'esprit de Bage, étroit même dans la conception du mal, avait rêvé un million : peu lui importait, pour le conquérir, de jeter au vent le centuple de cette somme.

Puis, le million conquis, Bage désira un autre million ; il devint insatiable ; il s'attacha, comme un polype, au cœur de la maison mourante, et résolut de ne lâcher prise qu'au dernier jour.

Mistress Lowter put suivre pas à pas cette œuvre de carnage pécuniaire. Outre que l'ancien commis ne prenait point la peine de se cacher, la veuve était forcée de sanctionner par sa signature chacun de ses brigandages. Elle souscrivait les effets, Bage encaissait leur montant. Si, quelquefois, stimulée par la pensée de ses enfans, elle hasardait une timide résistance, l'ancien commis, insolent, impitoyable, lui énumérait complaisamment les peines portées par le code anglais contre les faussaires.

— Ma chère dame, de quoi vous plaignez-vous? disait-il ensuite : vous voyez bien que je vous épargne.

Six mois après la mort du banquier, Bage poussa l'impudence jusqu'à chasser mistress Lowter de son appartement pour s'y établir lui-même. Cet appartement, comme on sait, communiquait avec le cabinet de Peter Lowter : ceci détermina le choix de Bage. Il voulut veiller par lui-même à la conservation du gage de son pouvoir usurpé. En outre, il trouva une perverse et misérable joie à entasser le fruit de ses déprédations dans la caisse de son ancien maître.

Cette caisse, magnifique comme tout le reste de l'ameublement, avait une serrure à combinaisons, ce qui était peu commun à cette époque. Lors de la disparution de M. Lowter, on n'avait point retrouvé la clé non plus que celle de la porte masquée qui lui servait à rentrer chez lui, au retour de ses excursions nocturnes. Cette dernière porte, désormais inutile, demeura oubliée; mais la caisse fut ouverte, et le mécanicien, qui l'avait construite, fournit une nouvelle clé. Elle demeura affectée à l'usage exclusif de Bage. Par le fait, la maison Lowter pouvait s'en passer.

Bien que l'ancien commis poursuivît son œuvre sans pitié, il nourrissait depuis longtemps, ponr miss Lowter, un sentiment qui avait toute la fougue de l'amour, sinon ses autres caractères. Cette passion, loin de plaider en faveur des victimes de sa cupidité, l'excitait à redoubler de zèle. Il se rendait justice, et, désespérant d'être aimé pour lui-même, il pensait, chaque fois qu'il arrachait à mistress Lowter un lambeau de fortune, détruire une possibilité de refus. Quand il eut son million, il aborda la question, et fut péremptoirement repoussé.

— Elles ont trop, se dit-il, — et je n'ai pas assez.

Et sa caisse s'encombra d'or et de billets; la maison Lowter se prit à chanceler sous le poids d'un discrédit naissant. Bage renouvela sa demande, et n'eut point un meilleur succès. Il tenait en caisse sa vengeance et sa consolation.

Cependant, comme si la maison n'eût pas porté en soi assez d'élémens de ruine, le bruit se répandit que M. Lowter était fou. Ce fut le coup mortel; un retrait général de fonds força de suspendre les paiemens. Pour ne rien négliger, on envoya des commis à l'étranger, avec charge de recouvrer des créances oubliées aux temps de prospérité : c'était une ressource illusoire.

Bage choisit ce moment suprême pour offrir encore sa main. Cette fois, il croyait l'emporter de vive force. Nous avons assisté à la scène où mistress Lowter fit justice de ses prétentions. Ce résultat imprévu le transporta de fureur. Pour un si sanglant outrage, la mendicité ne lui sembla plus une vengeance suffisante; il menaça la pauvre femme qui osait défendre contre lui l'avenir de son enfant. Par malheur, si odieuse que fût la menace, Bage était homme à la tenir.

— J'ai trois millions, se disait-il en quittant mistress Lowter; j'ai davantage sans doute. Que Dieu me damne si je permets à personne de dire non à un homme tel que moi!

Comme il rentrait dans sa chambre, il crut entendre un bruit inusité dans le cabinet de son ancien patron. Il se précipita : le cabinet était vide.

Mais, lorsqu'il voulut, suivant son habitude de chaque jour, donner un coup-d'œil à sa caisse, il eut beau tourner et retourner la clé dans la serrure, la caisse ne s'ouvrit point.

— Que veut dire ceci? murmura-t-il en pâlissant. Quelqu'un aurait-il pénétré?... Mais non, c'est impossible. J'aurai moi-même dérangé la serrure. Demain il sera temps de s'occuper de cela.

III

Le lendemain, Thomas Bage avait oublié la serrure. Toute la nuit, il avait roulé dans sa tête des projets de vengeance. En s'éveillant, sa première idée fut de se rendre chez mistress Lowter pour lui faire une dernière sommation.

— Si elle s'obstine, pensa-t-il, le coroner aura son rôle au dénouement de la comédie. Une fois la chère dame en prison, nous verrons si sa fille se fera prier pour devenir mistress Bage.

Avant de sortir, il jeta un coup-d'œil dans le cabinet de M. Lowter. Le mannequin était là, terrible témoignage contre la veuve si Bage en venait à la dernière extrémité. Il ferma la porte à double tour pour s'assurer de cette pièce importante, et monta l'escalier.

Presque au même instant, la boiserie du cabinet craqua légèrement; la porte masquée cria sur ses gonds hors d'usage, et deux hommes entrèrent.

— C'est à peine si j'en crois mes pauvres yeux, dit l'un d'eux d'une voix basse et tremblante; se peut-il que Votre Honneur soit ressuscité!

M. Lowter, — c'était lui-même, — mit un doigt sur sa bouche, et le vieux Toby dut faire trève aux prolixes manifestations de son étonnement. Après s'être assuré que la chambre de Bage était vide, le banquier revint vers Toby.

— Je comprends ceci, dit-il en montrant le mannequin ; explique-moi le reste.

Toby savait, à peu de chose près, tout ce qui se passait dans la maison. Il raconta les manœuvres de Bage et leur déplorable résultat. Le banquier ne put retenir une exclamation de rage en apprenant la suspension des paiemens.

— Il y a ici de quoi les reprendre, dit Toby en frappant sur la caisse.

Lowter secoua la tête.

— Trois millions, dit-il. Sans la confiance, que sont trois millions pour la maison Lowter ?

Il tira de sa poche une clé et voulut ouvrir la caisse. La clé de Bage, tordue et brisée, était restée dans la serrure. Un imperceptible sourire dérida le front du banquier.

— Le drôle est venu, murmura-t-il; j'ai bien fait de prendre hier mes précautions.

Puis, s'adressant au vieillard, il ajouta :

— Ce Bage est un audacieux coquin; il sera puni... Par qui faisait-il imiter ma signature?

Toby prononça tout bas le nom de mistress Lowter. Si la physionomie du banquier n'eût été une sorte de masque immobile et muet, en cet instant elle aurait à coup sûr exprimé le plus vif désappointement. Après quelques secondes de silence, il fit signe à Toby de sortir.

C'était la seconde visite que Peter Lowter faisait à son ancienne retraite. Lors de sa fuite, il avait conservé, par hasard et sans dessein prémédité, la clé de la porte masquée et celle de sa caisse. La veille il était arrivé à Londres ; et, à peine descendu de voiture, il s'était introduit dans son cabinet. Sur la route de Douvres à Londres il avait pu se convaincre, par les conversations des voyageurs, que Stevenson ne l'avait point trompé : le crédit de la maison était ébranlé, lui-même passait pour fou. Néanmoins il prit espérance en trouvant la caisse pleine. A tout événement il changea la combinaison de la serrure, ce qui empêcha Bage de la pouvoir ouvrir.

Dans cette situation critique, l'esprit du banquier s'était brusquement réveillé en lui ; il avait résolu de soutenir, si ruiné qu'il fût, l'édifice de son crédit. Ce sentiment lui rendit son ancienne énergie. L'homme du spleen et du suicide disparut tout à coup pour faire place au hardi spéculateur, dont l'audace habilement calculée, avait autrefois dompté la fortune. Mais le récit de Toby dut changer son espoir en découragement. Il ne s'agissait plus d'étayer un crédit chancelant, c'était une maison tombée qu'il fallait relever; plus cette maison avait été puissante, plus sa chute était lourde, plus sa résurrection impossible. Lowter, seul dans son cabinet, se promenait à grands pas; la sueur découlait de son front; pour la première fois la terrible agitation de son ame mettait du feu dans son sang et faisait étinceler son regard.

— Et le faussaire n'est pas Thomas Bage! disait-il. La vengeance même, tout m'échappe à la fois; le misérable est à l'abri des lois humaines!

Un bruit soudain se fit dans la chambre

voisine. Le banquier saisit ses pistolets et s'élança vers la porte. En ce moment d'exaltation, seul avec Bage, il n'eût reculé devant aucune extrémité. Il levait le pied pour briser la clôture lorsque la voix de mistress Lowter se fit entendre.

— Pitié! disait-elle, suppliante ; — au nom de Dieu, je vous demande pitié!

— Moi, reprenait Bage avec un calme méprisant, je vous demande la main de miss Anna.

Peter Lowter colla son oreille à la serrure; l'effervescence était passée; son flegmatique visage avait repris son immobilité.

— Ecoutez, ma bonne dame, disait encore Bage. La question est simple; mon dessein est irrévocablement fixé. Faites ce que je vous demande, sinon je vous dénonce à l'instant même comme faussaire. Or, Dieu merci, j'ai là une preuve que le magistrat ne peut récuser.

— Le mannequin, murmura Lowter dont le front s'éclaircit tout à coup.

Mistress Lowter s'attachait à Bage et disait avec larmes :

— Je ne puis... Oh! entendez-moi, Thomas, je ne puis. Fortune, crédit, quand il s'est agi seulement de ces choses, je vous ai laissé faire; mais mon Anna, ma pauvre enfant! sacrifier son bonheur!... je ne puis.

— Alors, veuillez lâcher mes vêtemens, ma chère dame; je vais me rendre de ce pas chez le magistrat.

Le bruit cessa; Bage était parti. Peter Lowter se releva; il avait peine à contenir sa joie.

— Décidément, dit-il, je ne suis malheureux qu'au jeu.

Le vieux Toby, toujours aux aguets, se trouva là pour secourir mistress Lowter, qui succombait à son épouvante. Quand il l'eût portée dans son appartement, il voulut rejoindre le banquier. La porte secrète était fermée en dedans. Désespéré, Toby regagna précipitamment la chambre de Bage. A travers la serrure, il put s'assurer que le cabinet était vide ; le mannequin seul était à sa place.

— Dieu ait pitié de nous ! murmura le vieux serviteur. Le seul homme qui pût nous venir en aide nous abandonne!

Mistress Lowter, à l'aide de Toby, avait péniblement remonté les marches de l'escalier. Elle était chez elle, entourée de ses jeunes enfans, d'Anna et de Stevenson, qui venait d'arriver. La pauvre femme, suffoquée par ses pleurs, ne pouvait prononcer une parole. Anna ignorait tout; elle n'osait interroger sa mère. Pour Stevenson, il essaya de gauches mais franches consolations; et, comprenant vaguement que Bage était la cause de cette douleur, il offrit de le tuer en duel, ou de tout autre façon qui agréerait à mistress Lowter. Le vieux Toby contemplait tristement cette scène, et répétait à part lui sans se lasser :

— Dieu ait pitié de nous!... Si seulement Son Honneur avait voulu...

Ce fut, dans Oxfort-Street, un étrange scandale, lorsqu'on vit un officier de la couronne, escorté de trois constables, franchir le seuil de la maison Lowter. En Angleterre, où les sympathies commerciales sont développées outre mesure, la chute d'une grande maison est toujours vivement ressentie; mais, si cette chute est accompagnée de symptômes violens, l'émoi devient général : on s'ameute au devant du seuil; on s'attend presque à voir sortir, cloué dans une bière, comme un mort de la veille, le cadavre de cet être fantastique mais respectable, —le Crédit.

Ici le dénouement prenait une tournure dramatique. La maison déclinait depuis longtemps ; mais son chef, pour être fou, n'en restait pas moins un honnête homme aux yeux du public. Que venaient faire ces néfastes visages de magistrat et de constables? N'eût-il pas mieux valu laisser le moribond exhaler en paix son dernier souffle?

Telles étaient les charitables pensées d'une centaine de badauds de toutes les classes attroupés devant la porte extérieure. Pendant cela, Bage avait introduit les gens de la justice ; il atteignit le premier étage et fit sortir les employés, qui s'empressèrent de grossir la foule au dehors.

— Monsieur, votre accusation est grave, dit le magistrat; je vous laisse le temps de la réflexion : persistez-vous à la soutenir!

Au lieu de répondre, Bage essaya d'ouvrir la porte du cabinet qui donnait sur les bureaux. La trouvant fermée, il brisa une vitre et souleva le rideau.

— Voyez! dit-il.

Le mannequin apparut. Le magistrat et les constables connaissaient personnellement Peter Lowter; la copie était si merveilleusement exacte qu'ils demeurèrent indécis. Il fallut l'immobilité du bloc de cire pour les convaincre que le banquier lui-même n'était point devant leurs yeux.

— Voyez! répéta Bage. Depuis un an, voilà ce qui recouvre la signature de la maison Lowter. Ce stratagème coupable, inventé par la veuve...

— L'apparence est, en effet, contre elle, interrompit l'officier de la couronne; mais la justice veut l'évidence. Faites que nous puissions entrer.

Le vieux Toby n'avait pu modérer son inquiète curiosité; il était descendu à pas de loup. Bage aperçut sa tête chauve à la porte des bureaux.

— Une hache! dit-il.

Toby obéit à contre-cœur. Bage se saisit de la hache; un des supports de la cloison vitrée tomba. L'officier de la couronne entra aussitôt par cette brèche, suivi de Bage et des constables. Toby s'appuya, défaillant, contre la muraille; une larme vint à sa paupière.

— Si seulement Son Honneur avait voulu!... murmura-t-il d'une voix désolée.

— Et maintenant, dit Bage, la justice

est-elle satisfaite? Ce témoignage laisse-t-il après soi quelque doute?

Pour donner plus de force à ses paroles, il frappa un coup violent sur l'épaule du mannequin,— qui se dressa lentement sur ses pieds.

Bage bondit en arrière et vint tomber, demi-mort de frayeur, auprès du vieux Toby.

— Longue vie à Son Honneur! s'écria celui-ci avec enthousiasme.

— Que me voulez-vous? demanda froidement Peter Lowter au magistrat ébahi.

Ce dernier, dans son trouble, se tourna vers les constables; les constables se tournèrent les uns vers les autres. Tous les quatre toussèrent en chœur.

— Me ferez-vous la grâce de me dire ce qui vous amène? répéta le banquier.

— Mon cher monsieur... commença le magistrat avec embarras.

— J'ai nom Lowter, et n'aime point la familiarité, interrompit celui-ci.

— Monsieur Lowter donc, c'est à la requête de cet homme...

— Cet homme est un scélérat ou un fou. Je m'en doutais ; ses paroles viennent de m'en donner la certitude... Est-ce tout ?

— C'est tout.

L'officier de la couronne salua profondément et fit mine de se retirer. Bage, pétrifié, était incapable de prononcer un mot ; Toby exhalait sa joie en un rire homérique ; le banquier réfléchissait. La scène qu'il venait de jouer n'était point une puérile comédie ; en se mettant à la place du mannequin, il avait agi d'après un plan rapidement mais ingénieusement combiné. Les circonstances aidant, il allait, en quelques minutes, relever son crédit abattu et mettre à néant le désastreux résultat d'une année d'absence.

— Monsieur, dit-il à l'officier de la couronne qui sortait, veuillez m'entendre à mon tour.

— On n'entre pas! crièrent à ce moment plusieurs voix dans la rue.

Peter Lowter ouvrit la fenêtre et vit ses domestiques occupés à contenir la foule sans cesse croissante des curieux.

— Laissez entrer tout le monde! dit-il en se penchant au dehors.

La foule se précipita aussitôt dans l'escalier.

— Vous ne pouvez penser, reprit Lowter en s'adressant au magistrat, que, sans dessein, je vous aie laissé violer mon domicile et prendre d'assaut ma retraite. En venant, vous m'avez fait plaisir, monsieur; j'avais besoin de votre présence.

Les bureaux se remplissaient peu à peu; quelques têtes dépassaient la brèche, attentives, avides de voir et d'écouter.

— J'avais besoin de la présence de tous, continua le banquier en élevant la voix. Plus grand sera le scandale, plus il me sera profitable. Un homme, un ingrat que j'ai longtemps comblé de mes bienfaits... Je parle de vous, Thomas Bage... un scélérat avait médité la ruine de ma maison. J'ai vu avec douleur diminuer une confiance acquise par quinze années de probité; je m'étonnais, ignorant que j'avais sous mon toit un ennemi actif, acharné, infatigable. Il m'a fait passer pour fou, puis... en vérité, ce dernier acte désarme ma colère, tant il prouve clairement la démence la plus complète... il m'a fait passer pour mort! Qu'espérait-il de ce grossier mensonge? Je ne sais, et, pour ma part, je vois là un indice d'incurable folie... A cause de cela, monsieur le magistrat, tout en vous le livrant, j'appelle sur lui les miséricordes de la loi.

L'auditoire était considérablement grossi. Chaque visage exprima l'admiration la plus prononcée pour cette généreuse mansuétude.

— Voilà une parole qui vous fait honneur, monsieur, dit le magistrat.

— J'accepte ce témoignage, reprit Lowter avec dignité; je crois le mériter, monsieur, car je n'ai pas tout dit encore. La calomnie n'eût point suffi à renverser l'édifice de mon crédit; cet homme a employé la fraude. Il a osé, à mon insu, retarder, suspendre les paiemens, lorsque ma caisse était pleine, il a osé!...

Un murmure d'indignation interrompit le banquier. Impatient de frapper le coup décisif, il feignit de se méprendre et de voir là une marque d'incrédulité.

— Vous ne me croyez pas! dit-il d'une voix pleine d'amertume. De la calomnie, je le vois, il reste toujours quelque chose, et cet homme n'a pas travaillé en vain...

Tout en parlant, il s'était avancé vers la caisse, qu'il ouvrit. L'assemblée resta comme éblouie à la vue de son contenu.

— C'est à moi! c'est mon bien! s'écria Bage, retrouvant quelque force dans son désespoir.

Il voulut parler, mais la clameur générale lui imposa rudement silence.

Une expression de commisération profonde vint à la physionomie de Lowter.

— A lui! murmura-t-il de façon à être

entendu. Sa folie ne peut plus être mise en doute! Si le malheureux disait vrai, ce serait contre lui une foudroyante accusation : comment les économies d'un simple employé pourraient-elles atteindre le chiffre de 130,000 liv. sterl. ?

— Trois millions! exclama l'officier de la couronne.

— Trois millions! répétèrent les constables et la foule.

— La caisse ne contient pas beaucoup davantage, dit Lowter avec modestie; mais c'est le courant; en vingt-quatre heures je puis tripler cette somme; en huit jours je puis...

Une acclamation enthousiaste, universelle, lui coupa la parole; le magistrat lui-même se surprit à crier bravo. Les constables furent obligés de protéger Bage, que la foule proposait d'étrangler séance tenante.

Nous dirons tout de suite que Bage, traduit devant le jury, essaya de soutenir sa cause. Il parla de faux, de suicide, de maisons de jeu. Le banquier Lowter dans une maison de jeu! On n'eut garde de le croire. Il parla aussi du mannequin de cire. Cette idée parut à tout le monde prodigieusement bouffonne, — et Bage fut enfermé dans une maison de fous.

Londres entier sut l'histoire; les journaux la racontèrent avec des variantes plus ou moins heureuses, sous la rubrique qui fait le titre de ce véridique récit. A la bourse, ce fut un sujet inépuisable de conversations. Le crédit de la maison regagna et franchit de beaucoup ses anciennes limites. Il n'y eut pas jusqu'à cette retraite sévère à laquelle s'était condamné le banquier qui ne vînt ajouter à sa popularité dans la ville. Non-seulement Peter Lowter était désormais pour tous un homme fabuleusement riche, il était aussi un *excentric man*, ce qui est avantageux plus que nous ne saurions dire.

Robert demanda et obtint la main de miss Anna. Les débats du procès de Bage lui démontrèrent jusqu'à l'évidence que le diable en personne s'était joué de lui à Paris. De peur de raillerie, il tut soigneusement son aventure.

Peter Lowter était le plus heureux des hommes. La vue de sa famille, qu'il avait sauvée d'un affreux malheur, était pour lui la source de vives et pures jouissances. Il mena pendant un mois la vie d'un patriarche.

Le trente-unième jour, en s'éveillant, il vit un magnifique rideau de brouillard suspendu derrière sa croisée. Il bâilla longuement et se leva. Tout, dans sa maison, lui sembla insipide et fastidieux : le vieux Toby parlait trop, mistress Lowter pas assez ; Anna devenait pédante ; Stevenson seul gardait son esprit de la veille : c'était dommage. Tant que dura la journée, le banquier bâilla assidûment ; le soir, il se coucha de bonne heure et s'endormit en bâillant. Il rêva qu'il bâillait.

Ce que voyant, il reconnut le spleen, et prit son parti en gentleman. Le lendemain, mistress Lowter reçut, par les mains de Toby, une seconde édition du billet mortuaire que nous avons transcrit plus haut.

Huit jours après, les échos de l'hôtel Meurice furent éveillés par une double détonation. Dans la chambre que nous connaissons, on trouva Peter Lowter étendu sur le plancher. Près de lui était une table supportant les restes d'un copieux déjeûner et un paquet de cure-dents. Il faisait du brouillard.

Mistress Lowter ne désespéra point trop à la lecture de la lettre ci-dessus ; le vieux Toby cligna de l'œil et dit :

— Il reviendra.

En attendant, mistress Anna Stevenson a pris du corps ; elle possède six enfans, dont l'aînée, blanche et blonde fille, est nubile. La maison P. Lowter, R. Stevenson et compagnie prospère, et n'a point sa pareille dans l'univers entier.

FIN.

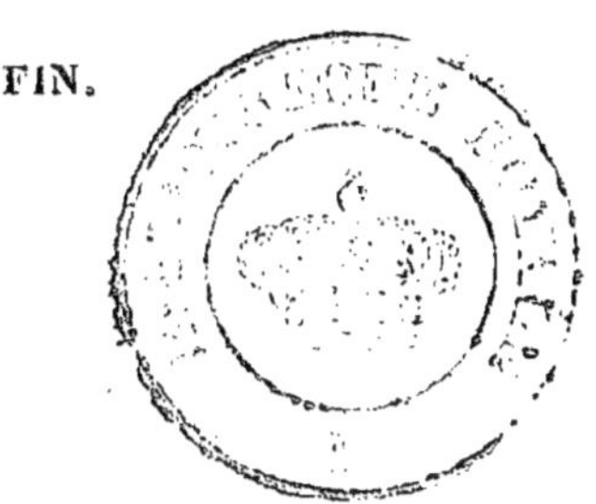

TABLE

Des chapitres du troisième volume.

FIN DE LA TABLE DU TROISIÈME ET DERNIER VOLUME.

Imprimerie de E. JACQUIN, à Fontainebleau.

En vente, chez CHLENDOWSKI, rue du Jardinet, 8.

Mon ami Piffard et Chipolata, par Paul de Kock. . 4 vol. in-8.
Le Martyr Calviniste, par H. de Balzac. . . . . 3 vol. in-8.
Les Frères de la Côte, par Emmanuel Gonzalez. . 2 vol. in-8.
Les Mystères du Grand Monde, tomes 5 et 6 (fin). 2 vol. in-8.
Aventures de Robert-Robert, par Louis Desnoyers. 2 vol. in-8.
Souvenirs de la Guerre civile en Espagne, de 1837 à 1839, par le général prince Lichnowsky. . . 2 vol. in-8.

Sous presse, pour paraître prochainement.

MODESTE MIGNON, par DE BALZAC.

LES FANFARONS DU ROI, par l'auteur des MYSTÈRES DE LONDRES.

La Belle Drapière, par ÉLIE BERTHET.

LA LUNE DE MIEL, par DE BALZAC.

HISTOIRE DES FRANCS, par le Comte DE PEYRONNET. 4 v. in-8.

MANDRIN, par CLÉMENCE ROBERT.

MÉMOIRES SECRETS ET AUTHENTIQUES DU DUC DE ROQUELAURE.

LA MINE D'OR, par ÉLIE BERTHET.

Imprimerie Schneider et Langrand, rue d'Erfurth, 1.

www.ingramcontent.com/pod-product-compliance
Lightning Source LLC
LaVergne TN
LVHW020611110826
845149LV00002B/448

* 9 7 8 2 0 1 1 8 7 1 8 8 6 *